Вечер у Клэр

Гайто Газданов

ВЕЧЕР У КЛЭР

Вся жизнь моя была залогом
Свиданья верного с тобой.

А.С. Пушкин

Клэр была больна; я просиживал у нее целые вечера и, уходя, всякий раз неизменно опаздывал к последнему поезду метрополитена и шел потом пешком с улицы Raynouard на площадь St. Michel, возле которой я жил. Я проходил мимо конюшен École Militaire[1]; оттуда слышался звон цепей, на которых были привязаны лошади, и густой конский запах, столь необычный для Парижа; потом я шагал по длинной и узкой улице Babylone, и в конце этой улицы в витрине фотографии, в неверном свете далеких фонарей на меня глядело лицо знаменитого писателя, все составленное из наклонных плоскостей; всезнающие глаза под роговыми европейскими очками провожали меня полквартала — до тех пор, пока я не пересекал черную сверкающую полосу бульвара Raspail. Я добирался наконец до своей гостиницы. Деловитые старухи в лохмотьях обгоняли меня, перебирая слабыми ногами; над Сеной горели, утопая в темноте, многочисленные огни, и когда я глядел на них с моста, мне начинало казаться, что я стою над гаванью и что море покрыто иностранными кораблями, на которых зажжены фонари. Оглянувшись на Сену в последний раз, я поднимался к себе в комнату и ложился спать и тотчас погружался в глубокий мрак; в нем шевелились какие-то дрожащие тела, иногда не успевающие воплотиться в привычные для моего глаза образы и так и пропадающие, не воплотившись; и я во сне жалел об их исчезновении, сочувствовал их воображаемой, непонятной

---

[1] Военное училище (фр.).

1

печали и жил и засыпал в том неизъяснимом состоянии, которого никогда не узнаю наяву. Это должно было бы огорчать меня; но утром я забывал о том, что видел во сне, и последним воспоминанием вчерашнего дня было воспоминание о том, что я опять опоздал на поезд. Вечером я снова отправлялся к Клэр. Муж ее несколько месяцев тому назад уехал на Цейлон, мы были с ней одни; и только горничная, приносившая чай и печенье на деревянном подносе с изображением худенького китайца, нарисованного тонкими линиями, женщина лет сорока пяти, носившая пенсне и потому не похожая на служанку и раз навсегда о чем-то задумавшаяся — она все забывала то щипцы для сахара, то сахарницу, то блюдечко или ложку, — только горничная прерывала наше пребывание вдвоем, входя и спрашивая, не нужно ли чего-нибудь madame. И Клэр, которая почему-то была уверена, что горничная будет обижена, если ее ни о чем не попросят, говорила: да, принесите, пожалуйста, граммофон с пластинками из кабинета monsieur — хотя граммофон вовсе не был нужен, и, когда горничная уходила, он оставался на том месте, куда она его поставила, и Клэр сейчас же забывала о нем. Горничная приходила и уходила раз пять за вечер; и когда я как-то сказал Клэр, что ее горничная очень хорошо сохранилась для своего возраста и что ноги ее обладают совершенно юношеской неутомимостью, но что, впрочем, я считаю ее не вполне нормальной — у нее или мания передвижения, или просто малозаметное, но несомненное ослабление умственных способностей, связанное с наступающей старостью, — Клэр посмотрела на меня с сожалением и ответила, что мне следовало бы изощрять мое специальное русское остроумие на других. И прежде всего, по мнению Клэр, я должен был бы вспомнить о том, что вчера я опять явился в рубашке с разными запонками, что нельзя, как я это сделал позавчера, класть мои перчатки на ее постель и брать Клэр за плечи, точно я здороваюсь не за руку, а за плечи, чего вообще никогда на свете не бывает, и что если бы она захотела перечислить все мои погрешности против

2

элементарных правил приличия, то ей пришлось бы говорить... она задумалась и сказала: пять лет. Она сказала это с серьезным лицом — мне стало жаль, что такие мелочи могут ее огорчать, и я хотел попросить у нее прощения; но она отвернулась, спина ее. задрожала, она поднесла платок к глазам — и когда, наконец, она посмотрела на меня, я увидел, что она смеется. И она очередной роман и что человек, который обещал на ней жениться, теперь наотрез от этого отказался. И потому она такая задумчивая. — О чем же тут задумываться? — спросил я, — ведь он отказался на ней жениться. Разве нужно так много времени, чтобы понять эту простую вещь? — Вы всегда слишком прямо ставите вопросы, — сказала Клэр. — С женщинами так нельзя. Она задумывается потому, что ей жаль, как вы не понимаете? — А долго длился роман? — Нет, — ответила Клэр, — всего две недели. — Странно, она ведь всегда была такой задумчивой, — заметил я. — Месяц тому назад она так же грустила и мечтала, как сейчас. — Боже мой, — сказала Клэр, — просто тогда у нее был другой роман. — Это действительно очень просто, — сказал я, — простите меня, я не знал, что под пенсне вашей горничной скрыта трагедия какого-то женского Дон-Жуана, который, однако, любит, чтобы на нем женились, в противоположность Дон-Жуану литературному, относившемуся к браку отрицательно. — Но Клэр прервала меня и продекламировала с пафосом фразу, которую она прочла в рекламной афише и, читая которую, смеялась до слез:

Heureux acquéreurs de la vraie Salamandre
Jamais abandonnés par le constructeur[2]

Затем разговор вернулся к Дон-Жуану, потом, неизвестно как, перешел к подвижникам, к протопопу Аввакуму, но, дойдя до искушения святого Антония, я остановился, так как вспомнил, что подобные разговоры не очень занимают Клэр; она предпочитала другие темы — о театре, о музыке; но больше

---

[2] Счастливые обладатели настоящей «Саламандры»,
Никогда не оставляемые фабрикой! (фр.) — Пер. автора.

всего она любила анекдоты, которых знала множество. Она рассказывала мне эти анекдоты, чрезвычайно остроумные и столь же неприличные; и тогда разговор принимал особый оборот — и самые невинные фразы, казалось, таили в себе двусмысленность — и глаза Клэр становились блестящими; а когда она переставала смеяться, они делались темными и преступными и тонкие ее брови хмурились; но как только я подходил ближе к ней, она сердитым шепотом говорила: mais vous êtes fou[3] — и я отходил. Она улыбалась, и улыбка ее ясно говорила: mon Dieu, qu'il est simple![4] И тогда я, продолжая прерванный разговор, начинал с ожесточением ругать то, к чему обычно бывал совершенно равнодушен; я старался говорить как можно резче и обиднее, точно хотел отомстить за поражение, которое только что претерпел. Клэр насмешливо соглашалась с моими доводами; и оттого, что она так легко уступала мне в этом, мое поражение становилось еще более очевидным. — Oui, mon petit, c'est très intéressant, ce que vous dites là[5], — говорила она, не скрывая своего смеха, который относился, однако, вовсе не к моим словам, а все к тому же поражению, и подчеркивая этим пренебрежительным «là», что она всем моим доказательствам не придает никакого значения. Я делал над собой усилие, вновь преодолевая искушение приблизиться к Клэр, так как понимал, что теперь было поздно; я заставлял себя думать о другом, и голос Клэр доходил до меня полузаглушенным; она смеялась и рассказывала мне какие-то пустяки, которые я слушал с напряженным вниманием, пока не замечал, что Клэр просто забавляется. Ее развлекало то, что я ничего не понимал в такие моменты. На следующий день я приходил к ней примиренным; я обещал себе не приближаться к ней и выбирал такие темы, которые устранили бы опасность повторения вчерашних унизительных минут. Я говорил обо всем печальном, что мне пришлось видеть, и Клэр становилась

---

[3] но вы с ума сошли (фр.). — Пер. автора.

[4] Боже, как он прост! (фр.) — Пер. автора.

[5] — Да, то, что вы говорите, очень интересно (фр.). — Пер. автора.

тихой и серьезной и рассказывала мне в свою очередь, как умирала ее мать. — Asseyez-vous ici[6], — говорила она, указывая на кровать, и я садился совсем близко к ней, и она клала мне голову на колени и произносила: — Oui, mon petit, c'est triste, nous sommes bien malheureux quand même[7]. — Я слушал ее и боялся шевельнуться, так как малейшее мое движени могло оскорбить ее грусть. Клэр гладила рукой одеяло то в одну, то в другую сторону; и печаль ее словно тратилась в этих движениях, которые сначала были бессознательными, потом привлекали ее внимание, и кончалось это тем, что она замечала на своем мизинце плохо срезанную кожу у ногтя и протягивала руку к ночному столику, на котором лежали ножницы. И она опять улыбалась долгой улыбкой, точно поняла и проследила в себе какой-то длинный ход воспоминаний, который кончился неожиданной, но вовсе не грустной мыслью; и Клэр взглядывала на меня мгновенно темневшими глазами. Я осторожно перекладывал ее голову на подушку и говорил: простите, Клэр, я забыл папиросы в кармане плаща — и уходил в переднюю, и тихий ее смех доносился до меня. Когда я возвращался, она замечала:

— J'étais etonnée tout à l'heure. Je croyais que vous portiez vos cigarettes toujours sur vous, dans la poche de votre pantalon, connue vous le faisiez jusqu'à present. Vous avez change d'habitude?[8]

И она смотрела мне в глаза, смеясь и жалея меня, и я знал, что она прекрасно понимала, почему я встал и вышел из комнаты. Вдобавок я имел неосторожность сейчас же вытащить портсигар из заднего кармана брюк. — Dites moi, — сказала

---

[6] — Садитесь сюда (фр.). — Пер. автора.
[7] — Да, это грустно, мы все-таки очень несчастны (фр.) — Пер. автора.
[8] — Я была удивлена. Я думала, что вы носите папиросы в кармане брюк, как вы это делали до сих пор. Вы изменили этой привычке? (фр.)-Пер. автора.

Клэр, как бы умоляя меня ответить ей правду, — quelle est la différence entre un trench-coat et un pantalon?[9]

— Клэр, это очень жестоко, — ответил я.

— Je ne vous reconnais pas, mon petit. Mettez toujours en marche le phono, ça va vous distraire[10].

В тот вечер, уходя от Клэр, я услышал из кухни голос горничной — надтреснутый и тихий. Она пела с тоской веселую песенку, и это удивило меня.

> C'est une chemise rose
> Avec une petite femme dedans,
> Fraîche comme la fleur éclose,
> Simple comme la fleur des champs.[11]

Она вкладывала столько меланхолии в эти слова, столько ленивой грусти, что они начинали звучать иначе, чем обычно, и фраза «fraîche comme la fleur éclose» сразу напоминала мне пожилое лицо горничной, ее пенсне, ее роман и постоянную ее задумчивость. Я рассказал это Клэр; она отнеслась к несчастью горничной с участием — потому что с Клэр ничего подобного случиться не могло, и это сочувствие не пробуждало в ней личных чувств или опасений — и ей очень понравилась песенка:

> C'est une chemise rose
> Avec une petite femme dedans.

---

[9] — Скажите мне... какая разница между плащом и брюками?.. (фр.) — Пер. автора.

[10] — Я вас не узнаю. Заведите граммофон, это вас развлечет (фр.). — Пер. автора.

[11] Почти непереводимо. Буквально это значит следующее:
Это розовая рубашка,
Внутри которой — женщина,
Свежая, как распустившийся цветок.
Простая, как цветок полей (фр.). — Пер. автора.

Она придавала этим словам самые разнообразные оттенки — то вопросительный, то утвердительный, то торжествующий и насмешливый. Каждый раз, как я слышал этот мотив на улице или в кафе, мне становилось не по себе. Однажды я пришел к Клэр и стал бранить песенку, говоря, что она слишком французская, что она пошлая и что соблазн такого легкого остроумия не увлек бы ни одного композитора более или менее способного; вот в этом главное отличие французской психологии от серьезных вещей — говорил я: это искусство, столь же непохожее на настоящее искусство, как поддельный жемчуг на неподдельный. — В этом не хватает самого главного, — сказал я, исчерпав все свои аргументы и рассердившись на себя. Клэр утвердительно кивнула головой, потом взяла мою руку и сказала:

— Il n'y manque qu'une chose[12].

— Что именно? Она засмеялась и пропела:

> C'est une chemise rose
> Avec une petite femme dedans.

Когда Клэр выздоровела и провела несколько дней уже не в кровати, а в кресле или на chaise longue[13] и почувствовала себя вполне хорошо, она потребовала, чтобы я сопровождал ее в кинематограф. После кинематографа мы просидели около часа в ночном кафе. Клэр была со мной очень резка, часто обрывала меня: когда я шутил, она сдерживала свой смех и, улыбаясь против воли, говорила: «Non, ce n'est pas bien dit, ça»[14], — и так как она была в плохом, как мне казалось, настроении, то у нее было впечатление, что и другие всем недовольны и раздражены. И она с удивлением спрашивала меня: «Mais

---

[12] — Здесь не хватает только одного (фр.). — Пер. автора.
[13] шезлонге (фр.).
[14] «Нет, это не остроумно» (фр.). — Пер. автора.

qu'est ce que vous avez ce soir? Vous n'êtes pas comme toujours»[15], — хотя я вел себя нисколько не иначе, чем всегда. Я проводил ее домой; шел дождь. У двери, когда я поцеловал ей руку, прощаясь, она вдруг раздраженно сказала: «Mais entrez donc, vous allez boire une tasse de thé»[16], — и произнесла это таким сердитым тоном, как если бы хотела прогнать меня: ну, уходите, разве вы не видите, что вы мне надоели? Я вошел. Мы выпили чай в молчании. Мне было тяжело, я подошел к Клэр и сказал:

— Клэр, не надо на меня сердиться. Я ждал встречи с вами десять лет. И я ничего у вас не прошу. — Я хотел прибавить, что такое долгое ожидание дает право на просьбу о самом простом, самом маленьком снисхождении; но глаза Клэр из серых стали почти черными; я с ужасом увидел — так как слишком долго этого ждал и перестал на это надеяться, — что Клэр подошла ко мне вплотную и ее грудь коснулась моего двубортного застегнутого пиджака; она обняла меня, лицо ее приблизилось; ледяной запах мороженого, которое она ела в кафе, вдруг почему-то необыкновенно поразил меня; и Клэр сказала: «Comment ne compreniez vous pas?..»[17], — и судорога прошла по ее телу. Туманные глаза Клэр, обладавшие даром стольких превращений, то жестокие, то бесстыдные, то смеющиеся, — мутные ее глаза я долго видел перед собой; и когда она заснула, я повернулся лицом к стене и прежняя печаль посетила меня; печаль была в воздухе, и прозрачные ее волны проплывали над белым телом Клэр, вдоль ее ног и груди; и печаль выходила изо рта Клэр невидимым дыханием. Я лежал рядом с Клэр и не мог заснуть; и, отводя взгляд от ее побледневшего лица, я заметил, что синий цвет обоев в комнате Клэр мне показался внезапно посветлевшим и странно изменившимся. Темно-синий цвет, каким я видел его перед

---

[15] «Что с вами сегодня вечером? Вы не такой, как всегда» (фр.). — Пер. автора.

[16] «Ну, входите же, выпейте чашку чая» (фр.). — Пер. автора.

[17] «Как, вы не понимали?..» (фр.)-Пер. автора.

закрытыми глазами, представлялся мне всегда выражением какой-то постигнутой тайны — и постижение было мрачным и внезапным и точно застыло, не успев высказать все до конца; точно это усилие чьего-то духа вдруг остановилось и умерло — и вместо него возник темно-синий фон. Теперь он превратился в светлый; как будто усилие еще не кончилось и темно-синий цвет, посветлев, нашел в себе неожиданный, матово-грустный оттенок, странно соответствовавший моему чувству и несомненно имевший отношение к Клэр. Светло-синие призраки с обрубленными кистями сидели в двух креслах, стоявших в комнате; они были равнодушно враждебны друг другу, как люди, которых постигла одна и та же судьба, одно и то же наказание, но за разные ошибки. Лиловый бордюр обоев изгибался волнистой линией, похожей на условное обозначение пути, по которому проплывает рыба в неведомом море; и сквозь трепещущие занавески открытого окна все стремилось и не могло дойти до меня далекое воздушное течение, окрашенное в тот же светло-синий цвет и несущее с собой длинную галерею воспоминаний, падавших обычно, как дождь, и столь же неудержимых; но Клэр повернулась, проснувшись и пробормотав: «Vous ne dormez pas? Dormez toujours, mon petit, vous serez fatigué le matin»[18], — и глаза ее опять было потемнели. Она, однако, была не в силах преодолеть оцепенение сна и, едва договорив фразу, опять заснула; брови ее оставались поднятыми, и во сне она как будто удивлялась тому, что с ней сейчас происходит. В том, что она этому удивлялась, было нечто чрезвычайно для нее характерное: отдаваясь власти сна, или грусти, или другого чувства, как бы сильно оно ни было, она не переставала оставаться собой; и казалось, самые могучие потрясения не могли ни в чем изменить это такое законченное тело, не могли разрушить это последнее, непобедимое очарование, которое заставило меня потратить десять лет моей жизни на поиски

---

[18] «Вы не спите? Спите, утром вы будете усталым» (фр.). — Пер. автора.

Клэр и не забывать о ней нигде и никогда. — Но во всякой любви есть печаль, — вспоминал я, — печаль завершения и приближения смерти любви, если она бывает счастливой, и печаль невозможности и потери того, что нам никогда не принадлежало, — если любовь остается тщетной. И как я грустил о богатствах, которых у меня не было, так раньше я жалел о Клэр, принадлежавшей другим; и так же теперь, лежа на ее кровати, в ее квартире в Париже, в светло-синих облаках ее комнаты, которые я до этого вечера счел бы несбыточными и несуществующими — и которые окружали белое тело Клэр, покрытое в трех местах такими постыдными и мучительно соблазнительными волосами, так же теперь я жалел о том, что я уже не могу больше мечтать о Клэр, как я мечтал всегда; и что пройдет еще много времени, пока я создам себе иной ее образ и он станет в ином смысле столь же недостижимым для меня, сколь недостижимым было до сих пор это тело, эти волосы, эти светло-синие облака.

Я думал о Клэр, о вечерах, которые я проводил у нее, и постепенно стал вспоминать все, что им предшествовало; и невозможность понять и выразить все это была мне тягостна. В тот вечер мне казалось более очевидно, чем всегда, что никакими усилиями я не могу вдруг охватить и почувствовать ту бесконечную последовательность мыслей, впечатлений и ощущений, совокупность которых возникает в моей памяти как ряд теней, отраженных в смутном и жидком зеркале позднего воображения. Самым прекрасным, самым пронзительным чувствам, которые я когда-либо испытывал, я обязан был музыке; но ее волшебное и мгновенное существование есть лишь то, к чему я бесплодно стремлюсь, — и жить так я не могу. Очень часто в концерте я внезапно начинал понимать то, что до тех пор казалось мне неуловимым; музыка вдруг пробуждала во мне такие странные физические ощущения, к которым я считал себя неспособным, но с последними замиравшими звуками оркестра эти ощущения исчезали, и я опять оставался в неизвестности и неуверенности, мне часто присущими. Болезнь, создававшая мне неправдоподобное пребывание между действительным и мнимым, заключалась в неуменье моем ощущать отличие усилий моего воображения от подлинных, непосредственных чувств, вызванных случившимися со мной событиями. Это было как бы отсутствием дара духовного осязания. Всякий предмет был почти лишен в моих глазах точных физических очертаний; и в силу этого странного недостатка я никогда не мог сделать даже самого плохого рисунка; и позже, в гимназии, я при всем усилии не представлял себе сложных линий чертежей, хотя понимал ясную цель их сплетений. С другой стороны, зрительная память у меня была всегда хорошо развита, и я до сих пор не знаю, как примирить это явное противоречие: оно было первым из тех бесчисленных противоречий, которые впоследствии погружали меня в бессильную мечтательность; они укрепляли во мне сознание невозможности проникнуть в сущность отвлеченных идей; и это сознание, в свою очередь, вызывало неуверенность в себе. Я был поэтому очень робок; и моя репутация дерзкого мальчика, которую я имел в детстве, объяснялась, как это понимали некоторые люди, например, моя мать, именно сильным желанием победить эту постоянную несамоуверенность. Позже у меня появилась привычка к общению с самыми разнообразными людьми, и я даже выработал известные правила разговора, которых почти никогда не преступал. Они заключались в употреблении нескольких десятков мыслей, достаточно сложных на вид и чрезвычайно примитивных на самом деле, доступных любому собеседнику; но сущность этих простых понятий, общепринятых и обязательных, всегда была мне чужда и неинтересна. Я, однако, не мог победить в себе мелочного любопытства, и мне доставляло удовольствие вызывать некоторых людей на откровенность; их унизительные и ничтожные признания никогда не возбуждали во мне вполне законного и понятного отвращения; оно должно было бы появляться, но не появлялось. Я думаю, это происходило потому, что резкость отрицательных чувств была мне несвойственна, я был слишком равнодушен к внешним событиям; мое глухое, внутреннее существование оставалось для меня исполненным несравненно большей значительности. И все-таки в детстве оно было более связано с внешним миром, чем впоследствии; позже оно постепенно отдалялось от меня — и чтобы вновь очутиться в этих темных пространствах с густым и ощутимым воздухом, мне нужно бывало пройти расстояние, которое увеличивалось по мере накопления жизненного опыта, то есть просто запаса соображений и зрительных или вкусовых ощущений. Изредка я с ужасом думал, что, может быть, когда-нибудь наступит такой момент, который лишит меня возможности вернуться в себя; и тогда я стану животным — и при этой мысли в моей памяти неизменно возникала собачья голова, поедающая объедки из мусорной ямы. Однако опасность того сближения, мнимого и действительного, которое я считал своей болезнью, никогда не была далека от меня; и изредка в приступах душевной лихорадки я не мог ощутить моего подлинного существования; гул и звон стояли в ушах, и на улице мне вдруг становилось так трудно идти, так трудно идти, как будто я с моим тяжелым телом пытаюсь продвигаться в том плотном воздухе, в тех мрачных пейзажах моей фантазии, где так легко скользит удивленная тень моей головы. В такие минуты меня оставляла память. Она вообще была самой несовершенной моей способностью, — несмотря на то, что я легко запоминал наизусть целые печатные страницы. Она покрывала мои воспоминания прозрачной, стеклянной паутиной и уничтожала их чудесную неподвижность; и память чувств, а не мысли, была неизмеримо более богатой и сильной. Я никогда не мог дойти до первого моего ощущения, я не знал, каким оно было; сознавать происходящее и впервые понимать его причины я стал тогда, когда мне было лет шесть; и восьми лет от роду, благодаря большому сравнительно количеству книг, которые от меня запирали и которые я все-таки читал, я был способен к письменному изложению мыслей; я сочинил тогда довольно длинный рассказ об охотнике на тигров. Из раннего моего детства я запомнил всего лишь одно событие. Мне было три года; мои родители вернулись на некоторое время в Петербург, из которого незадолго перед этим уехали; они должны были пробыть там очень немного, что-то недели

12

две. Они остановились у бабушки, в большом ее доме на Кабинетской улице, том самом, где я родился. Окна квартиры, находившейся на четвертом этаже, выходили во двор. Помню, что я остался один в гостиной и кормил моего игрушечного зайца морковью, которую попросил у кухарки. Вдруг странные звуки, доносившиеся со двора, привлекли мое внимание. Они были похожи на тихое урчание, прерывавшееся изредка протяжным металлическим звоном, очень тонким и чистым. Я подошел к окну, но как я ни пытался подняться на цыпочках и что-нибудь увидеть, ничего не удавалось. Тогда я подкатил к окну большое кресло, взобрался на него и оттуда влез на подоконник. Как сейчас вижу пустынный двор внизу и двух пильщиков; они поочередно двигались взад и вперед, как плохо сделанные металлические игрушки с механизмом. Иногда они останавливались, отдыхая; и тогда раздавался звон внезапно задержанной и задрожавшей пилы. Я смотрел на них как зачарованный и бессознательно сползал с окна. Вся верхняя часть моего тела свешивалась во двор. Пильщики увидели меня; они остановились, подняв головы и глядя вверх, но не произнося ни слова. Был конец сентября; помню, что я вдруг почувствовал холодный воздух и у меня начали зябнуть кисти рук, не закрытые оттянувшимися назад рукавами. В это время в комнату вошла моя мать. Она тихонько приблизилась к окну, сняла меня, закрыла раму — и упала в обморок. Этот случай запомнился мне чрезвычайно; я помню еще одно событие, случившееся значительно позже, — и оба эти воспоминания сразу возвращают меня в детство, в тот период времени, понимание которого мне теперь уже недоступно.

Это второе событие заключалось в том, что когда меня только что научили грамоте, я прочел в маленькой детской хрестоматии рассказ о деревенском сироте, которого учительница из милости приняла в школу. Он помогал сторожу топить печь, убирал комнаты и очень усердно учился. И вот однажды школа сгорела, и этот мальчик остался зимой на улице в суровый мороз. Ни одна книга впоследствии не производила на меня такого впечатления: я видел этого сироту перед собой, видел его мертвых отца и мать и обгоревшие развалины школы; и горе мое было так сильно, что я рыдал двое суток, почти ничего не ел и очень мало спал. Отец мой сердился и говорил:

— Вот, научили так рано читать мальчика, — вот все потому так и вышло. Ему бегать нужно, а не читать. Слава Богу, будет еще время. И зачем в детских книжках такие рассказы печатают?

Отец мой умер, когда мне было восемь лет. Помню, как мать привела меня в лечебницу, где он лежал. Я не видал его месяца полтора, с самого начала болезни, и меня поразило его исхудавшее лицо, черная борода и горящие глаза. Он погладил меня по голове и глухо сказал, обращаясь к матери:

— Береги детей.

Мать не могла ему отвечать. И тогда он прибавил с необыкновенной силой:

— Боже мой, если бы мне сказали, что я буду простым пастухом, только пастухом, но что я буду жить!

Потом мать выслала меня из комнаты. Я вышел в садик: хрустел под ногами песок, было жарко и светло и очень далеко видно. Сев с матерью в коляску, я сказал:

— Мама, у папы все-таки хороший вид, я думал, гораздо хуже.

Она ничего не ответила, только прижала мою голову к коленям, и так мы доехали до дому.

Было в моих воспоминаниях всегда нечто невыразимо сладостное: я точно не видел и не знал всего, что со мной случилось после того момента, который я воскрешал: и я оказывался попеременно то кадетом, то школьником, то солдатом — и только им; все остальное переставало существовать. Я привыкал жить в прошедшей действительности, восстановленной моим воображением. Моя власть в ней была неограниченна, я не подчинялся никому, ничьей воле; и долгими часами, лежа в саду, я создавал искусственные положения всех людей, участвовавших в моей жизни, и заставлял их делать то, что хотел, и эта постоянная забава моей фантазии постепенно входила в привычку. Потом сразу наступил такой период моей жизни, когда я потерял себя и перестал сам видеть себя в картинах, которые себе рисовал. Я тогда много читал; помню портрет Достоевского на первом томе его сочинений. Эту книгу у меня отобрали и спрятали; но я разбил стеклянную дверцу шкафа и из множества книг вытащил именно том с портретом. Я читал все без разбора, но не любил книг, которые мне давали, и ненавидел всю «золотую библиотеку», за исключением сказок Андерсена и Гауфа. В то время личное мое существование было для меня почти неощутимо. Читая Дон-Кихота, я представлял себе все, что с ним происходило, но работа моего воображения совершалась помимо меня, и я не делал почти никаких усилий. Я не принимал участия в подвигах Рыцаря Печального Образа и не смеялся ни над ним, ни над Санчо Пансой; меня вообще как будто не было и книгу Сервантеса читал кто-то другой. Я думаю, что это время усиленного чтения и развития, бывшее эпохой моего совершенно бессознательного существования, я мог бы сравнить с глубочайшим душевным обмороком. Во мне оставалось лишь одно чувство, окончательно созревшее тогда и впоследствии меня уже не оставлявшее, чувство прозрачной и далекой печали, вполне беспричинной и чистой. Однажды, убежав из дому и гуляя по бурому полю, я заметил в далеком овраге нерастаявший слой снега, который блестел на весеннем солнце. Этот белый и нежный свет возник передо мной внезапно и показался мне таким невозможным и прекрасным, что я готов был заплакать от волнения. Я пошел к этому месту и достиг его через несколько минут. Рыхлый и грязный снег лежал на черной земле; но он слабо блестел сине-зеленым цветом, как мыльный пузырь, и был вовсе не похож на тот сверкающий снег, который я видел издали. Я долго вспоминал наивное и грустное чувство, которое я испытал тогда, и этот

15

сугроб. И уже несколько лет спустя, когда я читал одну трогательную книгу без заглавных листов, я представил себе весеннее поле и далекий снег и то, что стоит только сделать несколько шагов, и увидишь грязные, тающие остатки. — И больше ничего? — спрашивал я себя. И жизнь мне показалась такой же: вот, я проживу на свете столько-то лет и дойду до моей последней минуты и буду умирать. Как? И больше ничего? То были единственные движения моей души, происходившие в этот период времени. А между тем я читал иностранных писателей, наполнялся содержанием чуждых мне стран и эпох, и этот мир постепенно становился моим: и для меня не было разницы между испанской и русской обстановкой.

Я очнулся от этого состояния через год, незадолго до поступления в гимназию. И уже тогда все мои ощущения были мне известны, и в дальнейшем происходило только внешнее расширение моих знаний, очень незначительное и очень неважное. Моя внутренняя жизнь начинала существовать вопреки непосредственным событиям; и все изменения, происходившие в ней, совершались в темноте и вне какой бы то ни было зависимости от моих отметок по поведению, от гимназических наказаний и неудач. То время, когда я был всецело погружен в себя, ушло и побледнело и только изредка возвращалось ко мне, как припадки утихающей, но неизлечимой болезни.

Семья моего отца часто переезжала с места на место, нередко пересекая большие расстояния. Я помню хлопоты, укладывание громоздких вещей и вечные вопросы о том, что именно положено в корзину с серебром, а что в корзину с шубами. Отец неизменно бывал весел и беспечен, мать сохраняла строгое выражение; всеми заботами по укладыванию и путешествию ведала она. Она взглядывала на свои маленькие золотые часики, висевшие, по тогдашнему обычаю, на груди, и все боялась опоздать, и отец ее успокаивал, говоря с удивленным видом:

— Ну, у нас еще масса времени.

Сам он всегда и всюду опаздывал. Случалось, что, когда ему нужно было уезжать, он вспоминал об этом за три дня, говорил: ну, уж на этот раз я буду точен — и неизменно, после поцелуев, прощанья и слез моей маленькой сестры, возвращался домой через полчаса.

— Просто не понимаю, как это могло выйти. В моем распоряжении было не меньше четырнадцати минут. Являюсь на вокзал — только что, говорят, ушел поезд. Удивительно.

Он всегда был занят химическими опытами, географическими работами и общественными вопросами. Это всецело его поглощало, и об остальном он нередко забывал — точно остального и не существовало. Впрочем, были еще две вещи, которые его интересовали: пожары и охота. На пожарах он проявлял необычайную энергию. Он вытаскивал из горящего дома все, что мог; и так как он был очень силен, то нередко спасал от пламени шкафы, которые выносил на спине, и однажды, в Сибири, когда пылал дом одного из богатых купцов, он ухитрился спустить по деревянной лестнице несгораемую кассу. Между прочим, незадолго до пожара он обращался к этому купцу с просьбой сдать внаем одну из квартир, которая находилась в другом доме купца; но тот, узнав, что отец не коммерсант, наотрез отказался. После пожара он пришел к нам и попросил отца переехать в тот дом и даже принес какие-то подарки. Отец успел забыть о пожаре: он был рад помочь кому угодно, но его влекло туда не только сочувствие людям, находящимся в несчастье; он питал непонятную любовь к огню. Купец между тем настаивал. — Разве ж я знал, что вы мою кассу спасете? — простодушно говорил он. Отец, наконец, вспомнил, в чем дело, рассердился и выпроводил купца, сказав ему: вы тут всякие глупости говорите, а я занят.

Он любил физические упражнения, был хорошим гимнастом, неутомимым наездником, — он все смеялся над «посадкой» его

17

двух братьев, драгунских офицеров, которые, как он говорил, «даже кончив их эту самую лошадиную академию, не научились ездить верхом; впрочем, они и в детстве были не способны к верховой езде, а пошли в лошадиную академию потому, что там алгебры не надо учить», — и прекрасным пловцом. На глубоком месте он делал такую необыкновенную вещь, которой я потом нигде не видал: он садился, точно это была земля, а не вода, поднимал ноги так, что его тело образовывало острый угол, и вдруг начинал вертеться, как волчок: я помню, как я, сидя голым на берегу, смеялся; и потом, вцепившись руками в шею отца, переплывал реку на его широкой волосатой спине. Охота была его страстью. Иногда он возвращался домой на розвальнях, после суток осторожного и утомительного выслеживания зверя, — и с саней глядели стеклянные, мертвые глаза лося; он охотился за турами на Кавказе; и ему ничего не стоило поехать за несколько сот верст по простому охотничьему приглашению. Он никогда ничем не болел, не знал усталости и просиживал в своем кабинете, заставленном колбами, ретортами и ящиками с какой-то вязкой массой, много часов подряд, а потом уезжал на три дня охотиться за волками, мало спал и, вернувшись, опять садился за письменный стол как ни в чем не бывало. Терпение его было необычайно. Целый год, вечерами, он лепил из гипса рельефную карту Кавказа, с мельчайшими географическими подробностями. Она была уже кончена. Я как-то вошел в кабинет отца; его не было. Карта стояла наверху, на этажерке. Я потянулся за ней, дернул ее к себе, — она упала на пол и разбилась вдребезги. На шум пришел отец, посмотрел на меня укоризненно и сказал:

— Коля, никогда не ходи в кабинет без моего разрешения.

Потом он посадил меня к себе на плечи и пошел к матери. Он рассказал ей, что я разбил карту, и прибавил: представь себе, придется карту опять делать с самого начала. Он принялся за работу, и к концу второго года карта была готова.

Я мало знал моего отца, но я знал о нем самое главное: он любил музыку и подолгу слушал ее, не двигаясь, не сходя с места. Он не переносил зато колокольного звона. Все, что хоть как-нибудь напоминало ему о смерти, оставалось для него враждебным и непонятным; и этим же объяснялась его нелюбовь к кладбищам и памятникам. И однажды я видел отца очень взволнованным и расстроенным, — что случалось с ним чрезвычайно редко. Это произошло в Минске, когда он узнал о смерти одного из своих товарищей по охоте, бедного чиновника; я не знал его имени. Помню, что он был высоким человеком, с лысиной и бесцветными глазами, плохо одетым. Он всегда необыкновенно оживлялся, говоря о куропатках, зайцах и перепелах; он предпочитал мелкую дичь.

— Волк — это не охота, Сергей Александрович, — сердито говорил он отцу. — Это баловство. И волк баловство, и медведь баловство.

— Как баловство? — возмущался отец. — А лось? А кабан? Да знаете ли вы, что такое кабан?

— Не знаю я, что такое кабан, Сергей Александрович. Но вы меня, повторяю, не переубедите.

— Ну, Бог с вами, — неожиданно успокаивался отец. — А чай вы тоже баловством считаете?

— Нет, Сергей Александрович.

— Ну, тогда идемте пить чай. Мелочью все занимаетесь. Вот я посмотрю, сколько вы чаю можете выпить.

В Минске частыми нашими гостями были этот чиновник и художник Сиповский. Сиповский был высокий старик с сердитыми бровями, борзятник и любитель искусства. Он был громаден и широк в плечах; карманы его отличались страшной глубиной. Один раз, придя к нам и не застав дома никого, кроме меня и няни, он поглядел на меня в упор и отрывисто спросил:

— Петуха видел?

— Видел.

— Не боишься?

— Нет.

— Вот смотри.

Он залез в карман и вытащил оттуда огромного живого петуха. Петух застучал когтями по полу и принялся кружиться по передней.

— А вам петух зачем? — спросил я.

— Рисовать буду.

— Он не будет сидеть смирно.

— А я заставлю.

— Нет, не заставите.

— Нет, заставлю.

Мы вошли в детскую. Няня, взмахивая руками, загнала туда петуха. Сиповский, придерживая его одной рукой, другой обвел мелом круг по полу — и петух, к моему изумлению, покачнувшись раза два, остался неподвижным. Сиповский быстро нарисовал его. Помню еще один его рисунок: охотник, наклонившись набок, скачет на лошади: прямо перед ним две борзые наседают на волка. Лицо у охотника красное и отчаянное; все четыре ноги коня как-то сплелись вместе. Эту картину Сиповский подарил мне. Я очень любил вообще изображения животных, знал, никогда их не видя, множество пород диких зверей и три тома Брэма прочел два раза с начала до конца. Как раз в то время, когда я читал второй том «Жизни животных», ощенилась сука отца, сеттер-лаверак. Отец роздал слепых собачонок знакомым и оставил себе только одного щенка, самого крупного. Дня через три вечером к нам прибежал чиновник.

— Сергей Александрович, — сказал он со слезами в голосе, даже не поздоровавшись. — Вы всех щенят роздали? Что же, обо мне забыли?

— Забыл, — ответил отец, глядя в пол. Ему было неловко.

— Так ни одного и не осталось?

— Один есть, да это для меня.

— Отдайте его мне, Сергей Александрович.

— Не могу.

— Я, Сергей Александрович, — сказал чиновник с отчаянием, — честный человек. Но если вы не отдадите щенка, я решусь и украду.

— Попробуйте.

— А если украду и вы не заметите?

— Ваше счастье.

— Требовать обратно не будете?

— Нет.

Когда он ушел, отец засмеялся и сказал с удовольствием:

— Вот это охотник. Вот это я понимаю.

Он был очень доволен, и когда щенок через несколько дней действительно пропал, он для виду рассердился, даже сказал, что, дескать, в доме ничего уберечь нельзя, — его неожиданно поддержала няня, сказав: нынче собаку, а завтра самовар унесут, — и сестра моя, необыкновенно любопытная, спросила мать: а потом, мама, пианино, да? — но исчезновение щенка, видимо, нисколько его не огорчило. Чиновник не показывался недели две, потом явился. — Как собака? — спросил отец. Тот только широко улыбнулся и ничего не ответил. Щенок этот вырос необыкновенно быстро. Звали его Трезором; и очень часто, когда чиновник приходил к нам, Трезор прибегал вслед за ним, и мы его считали почти что собственным. Один раз — отец куда-то уехал, мать читала у себя, был осенний солнечный день — Трезор с высунутым языком и окровавленной мордой выскочил откуда-то из-за угла, бросился ко мне, завизжал, схватил меня зубами за штаны и потащил вон. Я побежал за ним. Мы прошли сквозь еврейский квартал, находившийся на окраине, вышли за город, в поле, и там я увидел чиновника, который неподвижно лежал на траве, лицом вниз. Я тормошил его, звал, пытался заглянуть ему в лицо, но он оставался неподвижен. Трезор лизал его голову, на которой запеклась кровь, растекшаяся по исковерканной лысине. Потом пес сел на задние лапы и завыл; он захлебывался от воя и то визжал, то опять принимался выть. Мне стало очень жутко. Мы были втроем в поле, дул ветерок с реки; страшное старинное ружье валялось рядом с телом чиновника. Не помню, как я добежал домой. Увидев отца, я тотчас рассказал ему все. Он нахмурился и, не сказав ни слова, ускакал на лошади, которую еще не успели расседлать, так как он только что приехал. Он вернулся через двадцать минут и объяснил, что чиновник, неловко разряжая ружье, пустил себе в лоб весь заряд крупной дроби. Отец был чрезвычайно расстроен несколько дней, не шутил, не смеялся, даже не ласкал меня. За обедом или за ужином он вдруг переставал есть и задумывался.

— Ты о чем? — спрашивала мать.

— Какая бессмысленная вещь! — говорил он. — Как глупо погиб человек! Вот, нет его больше — и ничего не поделаешь.

И только спустя некоторое время он опять стал таким же, как всегда, и по-прежнему каждый вечер рассказывал продолжение бесконечной сказки: как мы всей семьей едем на корабле, которым командую я.

— Маму мы с собой не возьмем, Коля, — говорил он. — Она боится моря и будет только расстраивать храбрых путешественников.

— Пусть мама останется дома, — соглашался я.

— Итак, мы, значит, плывем с тобой в Индийском океане. Вдруг начинается шторм. Ты капитан, к тебе все обращаются, спрашивают, что делать. Ты спокойно отдаешь команду. Какую, Коля?

— Спустить шлюпки! — кричал я.

— Ну, рано еще спускать шлюпки. Ты говоришь: закрепите паруса и ничего не бойтесь.

— И они крепят паруса, — продолжал я.

— Да, Коля, они крепят паруса.

За время моего детства я совершил несколько кругосветных путешествий, потом открыл новый остров, стал его правителем, построил через море железную дорогу и привез на свой остров маму прямо в вагоне — потому, что мама очень боится моря и даже не стыдится этого. Сказку о путешествии на корабле я привык слушать каждый вечер и сжился с ней так, что когда она изредка прекращалась — если, например, отец бывал в отъезде, — я огорчался почти до слез. Зато потом, сидя на его коленях и взглядывая по временам на спокойное лицо матери, находившейся обычно тут же, я испытывал настоящее счастье, такое, которое доступно только ребенку или человеку, награжденному необычайной душевной силой. А потом сказка прекратилась навсегда: мой отец заболел и умер.

Перед смертью он говорил, задыхаясь:

— Только, пожалуйста, хороните меня без попов и без церковных церемоний.

Но его все-таки хоронил священник: звонили колокола, которых он так не любил; и на тихом кладбище буйно рос высокий бурьян. Я прикладывался к восковому лбу; меня подвели к гробу, и дядя мой поднял меня, так как я был слишком мал. Та минута, когда я, неловко вися на руках дяди, заглянул в гроб и увидел черную бороду, усы и закрытые глаза отца, была самой страшной минутой моей жизни. Гудели высокие церковные своды, шуршали платья теток, и вдруг я увидал нечеловеческое, окаменевшее лицо моей матери. В ту же секунду я вдруг понял все: ледяное чувство смерти охватило меня, и я ощутил болезненное исступление, сразу увидев где-то в бесконечной дали мою собственную кончину — такую же судьбу, как судьба моего отца. Я был бы рад умереть в то же мгновение, чтобы разделить участь отца и быть вместе с ним. У меня потемнело в глазах. Меня подвели к матери, и ее холодная рука легла на мою голову; я взглянул на нее, но мать не видела меня и не знала, что я стою рядом с ней. С кладбища вскоре мы поехали домой; коляска подпрыгивала на рессорах, могила моего отца оставалась позади, воздух качался передо мной. Все дальше и дальше беззвучно скользят лошадиные спины; мы возвращаемся домой, а отец неподвижно лежит там; с ним погиб я, и мой чудесный корабль, и остров с белыми зданиями, который я открыл в Индийском океане. Воздух колебался в моих глазах; желтый свет вдруг замелькал передо мной, невыносимое солнечное пламя, кровь прилила к моей голове, и я очень плохо себя почувствовал. Дома меня уложили в постель: я заболел дифтеритом.

Индийский океан, и желтое небо над морем, и черный корабль, медленно рассекающий воду. Я стою на мостике, розовые птицы летят над кормой, и тихо звенит пылающий, жаркий воздух. Я плыву на своем пиратском судне, но плыву один. Где же отец? И вот корабль проходит мимо лесистого берега; в подзорную трубу я вижу, как среди ветвей мелькает крупный иноходец матери и вслед за ним, размашистой, широкой рысью, идет вороной скакун отца. Мы поднимаем паруса и долго едем наравне с лошадьми. Вдруг отец поворачивается ко мне. — Папа, куда ты едешь? — кричу я. И глухой, далекий голос его отвечает мне что-то непонятное. — Куда? — переспрашиваю я. — Капитан, — говорит мне штурман, — этого человека везут на кладбище. — Действительно, по желтой дороге медленно едет пустой катафалк, без кучера; и белый гроб блестит на солнце. — Папа умер! — кричу я. Надо мной склоняется мать. Волосы ее распущены, сухое лицо страшно и неподвижно.

— Нет, Коля, папа не умер.

— Крепите паруса и ничего не бойтесь! — командую я. — Начинается шторм!

— Опять кричит, — говорит няня.

Но вот мы проходим Индийский океан и бросаем якорь. Все погружается в темноту: спят матросы, спит белый город на берегу, спит мой отец в глубокой черноте, где-то недалеко от меня, и тогда мимо нашего заснувшего корабля тяжело пролетают черные паруса Летучего Голландца.

Через некоторое время мне стало лучше; и няня подолгу сидела у моей постели и подолгу рассказывала мне о разных вещах — и я узнал от нее много интересного. Она рассказала мне, как в Сибири на улицах продают замороженные круги молока, как ставят на ночь провизию у окон для беглых каторжников, скитающихся лютой зимой по городам и селам. Жизнь моих родителей в Сибири, по словам няни, была прекрасной.

— Ничего барыня в хозяйстве не знала, — говорит няня. — Ничего. Курей с утками путала. Курей было много, ну только ни одна не неслась. Покупали яйца на базаре. Дешевые были яйца, тридцать пять копеек сотня, не то что здесь. Мяса фунт

25

две копейки. Масло в бочках продавали, вот как. А экономка была очень хитрая. Идет раз барин покойный по улице, к нему баба подходит.

— Не знаете, говорит, и где здесь лесничего дом? То есть наш, значит. Он говорит: знаю. А вам кого? Ихнюю экономку, говорит. Она, говорит, яйца вот как дешево продает, а на базаре, говорит, дороже. Пошли они с барином за покупками, впереди идет баба, а за ней барин. Ну, экономка и призналась, да все плакала, плакала, прямо совестно.

— Няня, а про Васильевну?

— Сейчас про Васильевну. Наняла барыня повариху. Уже серьезная была женщина, лет пятьдесят, а может, тридцать.

— Как же, няня, это большая разница.

— Разница небольшая, — убежденно говорит няня. — Ты слушай, а то я рассказывать не стану.

— Я больше не буду.

— Звали Васильевной. Я, говорит, нездешняя, только у меня сын на каторге. А сама я из Петербурга. Все, говорит, умею готовить. И верно, все готовила. Жили, жили, вот раз барыня гостей созвала. Васильевна пирог делает, а стол накрыли еще днем. Вечером барыня приезжает, а она все на лошади ездила, хорошая лошадь, гнедая, хоть гнедые нам не ко двору, но хорошая. Приезжает, значит, и видит: ничего, то есть, нет, все чисто. Пирога нет, посуда разбросана. Идет на кухню. А Васильевна сидит, вся красная, злая, не дай Бог. Барыня спрашивает: почему не готово? Что вы, говорит, Васильевна? А та отвечает: я сама барыня, ишь как раскричалась. Не хочу больше подавать, хочу сама есть. И весь пирог обкусанный. Потом Васильевна как сбежала со двора, так только на шестой день воротилась. Пришла грязная, обтрепанная, все платье оборвано, а сама плачет. Простите, говорит, меня, такой у меня запой бывает, ничего не поделаешь. Большая аккуратистка.

— Кто это, няня?

— Аккуратистка? Васильевна. А теперь ты спи; и болезнь твоя будет спать, а после пройдет. Спи.

Был легкий, паутинный день, когда я впервые вышел. Убегали белые, маленькие облака; но уже на востоке синел холодеющий воздух, и я подумал, что в такой же день полевая мышь Андерсена, приютившая Дюймовочку, запирала дверь своей норки, осматривала запасы зерна, а вечером, ложась спать, говорила: «Ну, теперь остается только сыграть свадьбу. Ты должна быть благодарна Богу, ведь не у всякого жениха есть такая шуба, как у крота. И, пожалуйста, не забывай, что ты бесприданница».

Я очень жалел Дюймовочку и особенно сочувствовал тому, что она была одинока, — потому что все мое детство я провел один. Впрочем, я не дичился моих сверстников. Я играл и в войну, и в прятки, был, по мнению многих, даже слишком общительным; но я никого не любил и без сожаления расставался с теми, от кого меня отделяли обстоятельства. Я быстро привыкал к новым людям и, привыкнув, переставал замечать их существование. Это была, пожалуй, любовь к одиночеству, но в довольно странной, не простой форме. Когда я оставался один, мне все хотелось к чему-то прислушиваться; другие мне мешали это делать. Я не любил откровенничать; но так как я обладал привычкой быстрого воображения, то задушевные разговоры были мне легки. Не будучи лгуном, я высказывал не то, что думал, невольно отстраняя от себя трудности искренних признаний, и товарищей у меня не было. Впоследствии я понял, что, поступая так, я ошибался. Я дорого заплатил за эту ошибку, я лишился одной из самых ценных возможностей: слова «товарищ» и «друг» я понимал только теоретически. Я делал невероятные усилия, чтобы создать в себе это чувство; но я добился лишь того, что понял и почувствовал дружбу других людей, и тогда вдруг я ощутил ее до конца. Она становилась особенно дорога, когда появлялся призрак смерти или старости, когда многое, что было приобретено вместе, теперь вместе потеряно. Я думал: дружба — это значит: мы еще живы, а другие умерли. Помню, когда я учился в кадетском корпусе, у меня был товарищ Диков; мы дружили потому, что оба умели хорошо ходить на руках. Потом мы больше не встречались — так как меня взяли из корпуса. Я помнил о Дикове, как обо всех остальных, и никогда не думал о нем. Спустя много лет в Севастополе в жаркий день я увидел на кладбище деревянный крест и дощечку с надписью: «Здесь похоронен кадет Тимофеевского корпуса Диков, умерший от тифа». В тот момент я почувствовал, что потерял друга. Бог весть, почему этот чужой человек стал мне так близок, точно я провел с ним всю мою жизнь. Я заметил тогда, что чувство утраты и печали особенно сильно в дни прекрасной погоды, в особенно легком и прозрачном воздухе; мне казалось, что такие же состояния бывают и в моей душе; и если где-то далеко внутри меня наступает тишина, заменяющая тот тихий непрестанный шум моей душевной жизни, которого я почти не слышу, но который звучит всегда, а в иные моменты лишь слегка ослабевает, — это значит, что произошла катастрофа. И мне представилось огромное пространство земли, ровное, как пустыня, и видимое до конца. Далекий край этого пространства внезапно отделяется глубокой трещиной и бесшумно падает в пропасть, увлекая за собой все, что на нем находилось. Наступает тишина. Потом беззвучно откалывается второй слой, за ним третий; и вот мне уже остается лишь несколько шагов до края; и, наконец, мои ноги уходят в пылающий песок; в медленном песчаном облаке я тяжело лечу туда, вниз, куда уже упали все остальные. Так близко, над головой, горит желтый свет, и солнце, как громадный фонарь, освещает черную воду неподвижного озера и оранжевую мертвую землю. Мне стало тяжело — и я, как всегда, подумал о матери, которую я знал меньше, чем отца, и которая всегда оставалась для меня загадочной. Она совсем не походила на отца — ни по привычкам, ни по вкусам, ни по характеру. Мне казалось, что и в ней таилась уже та опасность внутренних взрывов и постоянной раздвоенности, которая во мне была совершенно несомненной. Она была очень спокойной женщиной, несколько холодной в обращении, никогда не повышавшей голоса: Петербург, в котором она прожила до замужества, чинный дом бабушки, гувернантки, выговоры и обязательное чтение классических авторов оказали на нее свое влияние. Прислуга, не боявшаяся отца, даже когда он кричал своим звучным голосом: это черт знает что такое! — всегда боялась матери, говорившей медленно и никогда не раздражавшейся. С самого раннего моего детства я помню ее неторопливые движения, тот холодок, который от нее исходил, и вежливую улыбку; она почти никогда не смеялась. Она редко ласкала детей; и в то время, как к отцу я бежал навстречу и прыгал ему на грудь, зная, что этот сильный человек только иногда притворяется взрослым, а, в сущности, он такой же, как и я, мой ровесник, и если я приглашу его сейчас идти в сад и возить игрушечные коляски, то он подумает и пойдет, — к матери я подходил потихоньку, чинно, как полагается благовоспитанному мальчику, и уж, конечно, не позволил бы себе кричать от восторга или стремглав нестись в гостиную. Я не боялся матери: у нас в доме никого не наказывали — ни меня, ни сестер; но я не переставал ощущать ее превосходство над собой, — превосходство необъяснимое, но несомненное и вовсе не зависевшее ни от ее знаний, ни от ее способностей, которые, действительно, были исключительны. Ее память была совершенно непогрешима, она помнила все, что когда-либо слышала или читала. По-французски и по-немецки она говорила с безукоризненной точностью и правильностью, которая могла бы, пожалуй, показаться слишком классической; но и в русской речи моя мать — при всей ее простоте и нелюбви к эффектным выражениям — употребляла только литературные обороты и говорила с обычной своей холодностью и равнодушно-презрительными интонациями. Такой она была всегда; только отцу она вдруг за столом или в гостиной улыбалась неудержимо радостной улыбкой, которой в другое время я не видал у нее ни при каких обстоятельствах.

Мне она часто делала выговоры, — совершенно спокойные, произнесенные все тем же ровным голосом; отец мой при этом сочувственно на меня смотрел, кивал головой и как бы оказывал мне какую-то безмолвную поддержку. Потом он говорил:

— Ну, Бог с ним, он больше не будет. Не будешь, Коля?

— Нет, не буду.

— Ну, иди.

Я поворачивался, а он замечал извиняющимся тоном:

— В конце концов, было бы печально, если бы он не шалил, а был тихоней. В тихом омуте черти водятся.

Делая мне замечания и объясняя, почему следует поступать так, а не иначе, мать, однако, со мной почти не разговаривала, то есть не допускала, что я могу возражать. С отцом я спорил, с матерью — никогда. Однажды, я помню, я пытался ей что-то ответить; она посмотрела на меня с удивлением и любопытством, точно впервые заметив, что я обладаю даром слова. Я был, впрочем, самым неспособным в семье: сестры мои целиком унаследовали от матери быстроту понимания и феноменальную память и развивались быстрее, чем я; мне никогда не давали понять этого, но я очень хорошо знал это сам. В детстве, как и позже, я был чужд зависти; а мать мою очень любил, несмотря на ее холодность. Эта спокойная женщина, похожая на воплотившуюся картину и как будто сохранившая в себе ее чудесную неподвижность, была в самом деле совсем не такой, какой казалась. Мне понадобились годы, чтобы понять это; а поняв, я сидел долгими часами в задумчивости, представляя себе ее настоящую, а не кажущуюся жизнь. Она любила литературу так сильно, что это становилось странным. Она читала часто и много; и, кончив книгу, не разговаривала, не отвечала на мои вопросы; она смотрела прямо перед собой остановившимися, невидящими глазами и не замечала ничего окружающего. Она знала наизусть множество стихов, всего «Демона», всего «Евгения Онегина», с первой до последней строчки; но вкус отца — немецкую философию и социологию — недолюбливала: это было ей менее интересно, нежели остальное. Никогда у нас в доме я не видел модных романов — Вербицкой или Арцыбашева; кажется, и отец, и мать сходились в единодушном к ним презрении. Первую такую книгу принес я; отца в то время не было уже в живых, а я был учеником четвертого класса, и книга, которую я случайно оставил в столовой, называлась «Женщина, стоящая посреди». Мать ее случайно увидела — и, когда я вернулся домой вечером, она спросила меня, брезгливо приподняв заглавный лист книги двумя пальцами:

— Это ты читаешь? Хороший у тебя вкус.

Мне стало стыдно до слез; и всегда потом воспоминание о том, что мать знала мое кратковременное пристрастие к порнографическим и глупым романам, — было для меня самым унизительным воспоминанием; и если бы она могла сказать это моему отцу, мне кажется, я не пережил бы такого несчастья.

Моего отца мать любила всеми своими силами, всей душой. Она не плакала, когда он умер; но и мне, и няне было страшно оставаться наедине с ней. Три месяца, с раннего утра до поздней ночи, она ходила по гостиной, не останавливаясь, из одного угла в другой. Она ни с кем не разговаривала, почти ничего не ела, спала три-четыре часа в сутки и никуда не выходила. Родные были уверены, что она сойдет с ума. Помню, ночью в детской проснешься и слышишь быстрые шаги по ковру; заснешь, проснешься — опять: все так же чуть-чуть скрипят туфли и слышится скорая походка матери. Я вставал с кровати и босиком, в рубашке шел в гостиную.

— Мама, ложись спать. Мама, почему ты все время ходишь?

Мать смотрела на меня в упор: я видел бледное, чужое лицо и пугающие глаза.

— Мама, мне страшно. Мама, полежи немного.

Она вздыхала, точно очнувшись.

— Хорошо, Коля, я сейчас лягу. Иди спать.

Вначале жизнь моей матери была счастливой. Мой отец отдавал все свое время семье, отвлекаясь от нее только для охоты и научных работ, — и больше ничем не интересовался; с женщинами был чрезвычайно любезен, никогда с ними не спорил, соглашаясь даже в тех случаях, когда они говорили что-нибудь совершенно противоположное его взглядам, — но вообще, казалось, недоумевал, зачем на свете существуют еще какие-то дамы. Мать ему говорила:

— Ты опять Веру Михайловну назвал Верой Владимировной. Она, наверное, обиделась. Как же ты до сих пор не запомнил? Она ведь у нас года два бывает.

— Да? — удивлялся отец. — Это которая? Жена инженера, который свистит?

— Нет, это свистит Дарья Васильевна, а инженер поет. Но Вера Михайловна тут ни при чем. Она жена доктора, Сергея Ивановича.

— Ну как же, — оживлялся отец. — Я ее прекрасно знаю.

— Да, но ты называешь ее то Верой Васильевной, то Верой Петровной, а она Вера Михайловна.

— Удивительно, — говорил отец. — Это, конечно, ошибка. Я теперь совершенно точно припоминаю. Я прекрасно знаю эту даму. Она, кажется, очень милая. И муж у нее симпатичный; а вот пойнтер у него неважный.

Никаких размолвок или ссор у нас в доме не бывало, и все шло хорошо. Но судьба недолго баловала мать. Сначала умерла моя старшая сестра; смерть последовала после операции желудка от не вовремя принятой ванны. Потом, несколько лет спустя, умер отец, и, наконец, во время великой войны моя младшая сестра девятилетней девочкой скончалась от молниеносной скарлатины, проболев всего два дня. Мы с матерью остались вдвоем. Она жила довольно уединенно; я был предоставлен самому себе и рос на свободе. Она не могла забыть утрат, обрушившихся на нее так внезапно, и долгие годы проводила, как заколдованная, еще более молчаливая и неподвижная, чем раньше. Она отличалась прекрасным здоровьем и никогда не болела; и только в ее глазах, которые я помнил светлыми и равнодушными, появилась такая глубокая печаль, что мне, когда я в них смотрел, становилось стыдно за себя и за то, что я живу на свете. Позже моя мать стала мне как-то ближе, и я узнал необыкновенную силу ее любви к памяти отца и сестер и ее грустную любовь ко мне Я узнал также, что она награждена гибким и быстрым воображением, значительно превосходившим мое, и способностью понимания таких вещей, о которых я ничего не подозревал. И ее превосходство, которое я чувствовал с детства, только подтвердилось впоследствии, когда я стал почти взрослым. И я понял еще одно, самое важное: тот мир второго моего существования, который я считал закрытым навсегда и для всех, был известен моей матери.

В первый раз я расстался надолго с моей матерью в тот год, когда я стал кадетом. Корпус находился в другом городе; помню сине-белую реку, зеленые кущи Тимофеева и гостиницу, куда мать привезла меня за две недели до экзаменов и где она проходила со мной маленький учебник французского языка, в правописании которого я был нетверд. Потом экзамен, прощание с матерью, новая форма и мундир с погонами и извозчик в порванном зипуне, беспрестанно дергавший вожжами и увезший мать вниз, к вокзалу, откуда уходит поезд домой. Я остался один.

Я держался в стороне от кадет, бродил часами по гулким залам корпуса и лишь позже понял, что я могу ждать далекого Рождества и отпуска на две недели. Я не любил корпуса. Товарищи мои во многом отличались от меня: это были в большинстве случаев дети офицеров, вышедшие из полувоенной обстановки, которой я никогда не знал; у нас в доме военных не бывало, отец относился к ним с враждебностью и пренебрежением. Я не мог привыкнуть к «так точно» и «никак нет» и, помню, в ответ на выговор офицера ответил: вы отчасти правы, господин полковник, — за что меня еще больше наказали. С кадетами, впрочем, я скоро подружился; начальство меня не любило, хотя я хорошо учился. Методы преподавания в корпусе были самыми разнообразными. Немец заставлял кадет читать всем классом вслух, и поэтому в немецком хрестоматическом тексте слышались петушиные крики, пение неприличной песни и взвизгивание. Учителя были плохие, никто ничем не выделялся, за исключением преподавателя естественной истории, штатского генерала, насмешливого старика, материалиста и скептика.

— Что такое гигроскопическая вата, ваше превосходительство?

И он отвечал:

— Вот если такой молодой кадет, как вы, бегает по двору и скачет, вроде теленка, а потом случайно порежет себе хвост; так вот, к этому порезу прикладывают вату. Делается это для того, чтобы кадет, похожий на теленка, не слишком огорчался. Поняли?

— Так точно, ваше превосходительство.

— Так точно... — бормотал он, мрачно улыбаясь. — Эх вы...

Не знаю почему, этот штатский генерал мне чрезвычайно нравился; и когда он обращал на меня внимание, я бывал очень рад. Однажды мне пришлось отвечать ему урок, который я хорошо знал, и я несколько раз сказал «главным образом», «преимущественно» и «в сущности». Он посмотрел на меня с веселой насмешкой и поставил хорошую отметку.

— Какой образованный кадет. «Главным образом» и «в сущности». В сущности, можете идти на место.

Другой раз он поймал меня в коридоре, сделал серьезное лицо и сказал:

— Я попросил бы вас, кадет Соседов, не размахивать на ходу так сильно хвостом. Это, наконец, привлекает всеобщее внимание.

И ушел, улыбаясь одними глазами. Это был единственный, не похожий на других, преподаватель в корпусе, — как единственной вещью, которой я там научился, было искусство ходить на руках. И потом, по прошествии значительного времени после моего ухода из корпуса, если мне приходилось стать на руки, я сейчас же видел перед собой навощенный паркет рекреационного зала, десятки ног, идущих рядом с моими руками, и бороду моего классного наставника:

— Сегодня вы опять без сладенького.

Он всегда говорил уменьшительными словами, и это вызывало во мне непобедимое отвращение. Я не любил людей, употребляющих уменьшительные в ироническом смысле: нет более мелкой и бессильной подлости в языке. Я замечал, что к таким выражениям прибегают чаще всего или люди недостаточно культурные, или просто очень дурные, неизменно пребывающие в низости человеческой. Присутствие моего классного наставника было само по себе неприятно. Но особенно тягостной в корпусе мне казалась невозможность вдруг рассердиться на все и уйти домой; дом был далеко от меня, в другом городе, на расстоянии суток езды по железной дороге. Зима, громадное темное здание корпуса, плохо освещенные длинные коридоры, одиночество; мне было тяжело и скучно. Учиться мне не хотелось; лежать на кровати не разрешалось. Мы развлекались катаньем «на коньках» по свеженавощенному паркету; мы открывали на всю ночь кран в умывальной, прыгали через табуретки и кафедры и держали бесчисленные пари на котлеты, сладкое, сахар и макароны. Учились все довольно средне, за исключением первого в классе Успенского, самого усердного и несчастного кадета нашей роты. Он зубрил с исступлением; он готовил уроки все время, с обеда до девяти часов вечера, когда мы ложились спать. Вечерами он простаивал на коленях по полтора часа и молился, беззвучно всхлипывая. Будучи сыном очень бедных родителей, он учился на казенный счет и должен был непременно иметь хорошие отметки.

— Ты о чем молишься, Успенский? — спрашивал я, проснувшись и видя его фигуру в длинной ночной рубахе перед небольшим образом над его изголовьем: он спал через две кровати от меня.

— О том, чтобы учиться, — быстро отвечал он своим обыкновенным тоном, каким говорил всегда, и сейчас же продолжал исступленным голосом:

— Отче наш! Иже еси на небесех... — причем слова молитвы он понимал плохо и говорил «иже еси» так, как если бы это значило: «уж раз Ты на небе...»

— Ты неправильно молишься, Успенский, — говорил я ему. — «Отче наш, иже еси на небесех» — это все вместе надо произносить.

Он вдруг обрывал молитву и начинал плакать.

— Ты чего?

— Зачем ты мне мешаешь?

— Ну, молись, я не буду.

И опять тишина, кровати, коптящие ночники, темнота под потолком и маленькая белая фигурка на коленях. А утром гремел барабан, играла труба за стеной и дежурный офицер проходил по рядам постели:

— Подъем, вставайте.

Я так и не мог привыкнуть к военному, канцелярскому языку. У нас дома говорили по-русски чисто и правильно, и корпусные выражения мне резали слух. Как-то раз я увидел ротную ведомость, где было написано: «Выдано столько-то сукна на предмет постройки мундиров», а дальше было сказано о расходах на «застекление» окон. Мы обсуждали эти выражения с двумя товарищами и решили, что дежурный офицер, — мы были убеждены, что это написал он, — необразованный человек; это вряд ли, впрочем, было далеко от истины, хотя офицера, дежурившего в тот день, мы знали плохо: было только известно, что он человек чрезвычайно религиозный. С религией в корпусе было строго: каждую субботу и воскресенье нас водили в церковь; и этому хождению, от которого никто не мог уклониться, я обязан был тем, что возненавидел православное богослужение. Все в нем казалось мне противным: и жирные волосы тучного дьякона, который громко сморкался в алтаре и, перед тем как начинать службу, быстро дергал носом, прочищал горло коротким кашлем, и лишь потом глубокий бас его тихо ревел: благослови, владыко! — и тоненький, смешной голос священника, отвечавший из-за закрытых царских врат, облепленных позолотой, иконами и толстоногими, плохо нарисованными ангелами с меланхолическими лицами и толстыми губами:

— Благословенно царство Отца и Сына и Святого Духа, ныне и присно и во веки веков...

И длинноногий регент с камертоном, который и сам пел и прислушивался к пению других, отчего его лицо выражало невероятное напряжение; мне все это казалось нелепым и ненужным, хотя я не всегда понимал почему. Но, уча Закон Божий и читая Евангелие, я думал:

— Какой же наш подполковник христианин? Он не исполняет ни одной из заповедей, постоянно наказывая меня, ставит под часы и оставляет «без сладенького». Разве Христос так учил? Я обратился к Успенскому, признанному знатоку Закона Божия.

— Как ты думаешь, — спросил я, — наш подполковник христианин?

— Конечно, — сказал он быстро и испуганно.

— А какое он имеет право меня наказывать почти каждый день?

— Потому что ты плохо себя ведешь.

— А как же в Евангелии сказано: не судите, да не судимы будете?!

— Не судимы будете, это страдательный залог, — прошептал про себя Успенский, точно проверяя свои знания. — Это не про кадет сказано.

— А про кого?

— Я не знаю.

— Значит, ты не понимаешь Закона Божия, — сказал я и ушел; и мое неприязненное отношение к религии и к корпусу еще более утвердилось.

Долго потом, когда я уже стал гимназистом, кадетский корпус мне вспоминался как тяжелый, каменный сон. Он все еще продолжал существовать где-то в глубине меня; особенно хорошо я помнил запах воска на паркете и вкус котлет с макаронами, и как только я слышал что-нибудь, напоминающее это, я тотчас представлял себе громадные темные залы, ночники, дортуар, длинные ночи и утренний барабан, Успенского в белой рубашке и подполковника, бывшего плохим христианином. Эта жизнь была тяжела и бесплодна; и память о каменном оцепенении корпуса была мне неприятна, как воспоминание о казарме, или тюрьме, или о долгом пребывании в Богом забытом месте, в какой-нибудь холодной железнодорожной сторожке, где-нибудь между Москвой и Смоленском, затерявшейся в снегах, в безлюдном, морозном пространстве.

Но все же ранние годы моего учения были самыми прозрачными, самыми счастливыми годами моей жизни. Сначала — как в корпусе, так и в гимназии, куда я потом поступил, — меня смущало количество моих одноклассников. Я не знал, как мне относиться ко всем этим стриженым мальчикам. Я привык к тому, что вокруг меня существует несколько жизней — матери, сестры, няни, которые мне близки и знакомы; но такую массу новых и неизвестных людей я не мог сразу воспринять. Я боялся потеряться в этой толпе, и инстинкт самосохранения, обычно дремавший во мне, вдруг пробудился и вызвал в моем характере ряд изменений, каких в иной обстановке со мной, наверное, не произошло бы. Я часто стал говорить совсем не то, что думал, и поступать не так, как следовало бы поступать; стал дерзок, утратил ту медлительность движений и ответов, которая после смерти отца безраздельно воцарилась у нас в доме, точно заколдованном холодным волшебством матери. Мне трудно было дома отвыкать от гимназических привычек; однако это искусство я скоро постиг. Я бессознательно понимал, что нельзя со всеми быть одинаковым; поэтому после короткого периода маленьких домашних неурядиц я вновь стал послушным мальчиком в семье; в гимназии же моя резкость была причиной того, что меня наказывали чаще других. Хотя в семье я был самым неспособным, я все же частично унаследовал от матери хорошую память, но восприятие мое никогда не бывало непосредственно сознательным, и полный смысл того, что мне объяснялось, я понимал лишь через некоторое время.

Способности отца мне передались в очень измененной форме: вместо его силы воли и терпения у меня было упрямство, вместо охотничьих талантов — острого зрения, физической неутомимости и точной наблюдательности — мне досталась только необыкновенная, слепая любовь к животному миру и напряженный, но невольный и бесцельный интерес ко всему, что происходило вокруг меня, что говорилось и делалось. Занимался я очень неохотно, но учился хорошо; и только мое поведение всегда служило предметом обсуждения в педагогическом совете. Объяснялось это, помимо других причин, еще и тем, что у меня никогда не было детского страха перед преподавателями, и чувства мои по отношению к ним я не скрывал. Мой классный наставник жаловался матери на то, что я некультурен и дерзок, хотя развит для своих лет почти исключительно. Мать, которую часто вызывали в гимназию, говорила:

— Вы меня извините, но, мне кажется, вы не вполне владеете искусством обращаться с детьми. Коля в семье очень тихий мальчик и вовсе не буян и не дерзит обычно.

И она посылала служителя за мной. Я приходил в приемную, здоровался с ней; она, поговорив со мной десять минут, отпускала меня.

— Да, с вами у него совершенно другой тон, — соглашался классный наставник. — Не знаю, как вы этого достигаете. В классе же он нетерпим. — И он обиженно разводил руками. Особенное осуждение и классного наставника, и инспектора вызвала моя дерзость преподавателю истории (с ним у меня был однажды такой разговор: — Кто такой Конрад Валленрод? — спросил я, так как прочел это имя в книге и не знал его. Он ответил, подумав: — Такой же хулиган, как и вы), который поставил меня к стенке за то, что я «неспокойно сидел». Я был не очень виноват; мой сосед провел резинкой по моей голове — этого учитель не видел, а я ударил его в грудь — что было замечено. Так как товарища я выдать не мог, то в ответ на слова историка: станьте сейчас же к стенке; вы не умеете себя прилично вести, — я смолчал. Историк, привыкший к моим постоянным возражениям, не услышав их на этот раз, вдруг рассердился на меня, раскричался, ударил своим стулом об пол, но, сделав какое-то неловкое движение, поскользнулся и упал рядом с кафедрой. Класс не смел смеяться. Я сказал:

— Так вам и надо, я очень рад, что вы упали.

Он был вне себя от гнева, велел мне уйти из класса и пойти к инспектору. Но потом, так как он был добрым человеком, он успокоился и простил меня, хотя я не просил прощения. Он, в общем, относился ко мне без злобы; главным моим врагом был классный наставник, преподаватель русского языка, который ненавидел меня, как ненавидят равного. Ставить мне плохие отметки он все-таки не мог, потому что я знал русский язык лучше других. Зато я оставался «без обеда» чуть ли не каждый день. Помню бесконечно грустное чувство, с которым я следил, как все уходят после пятого урока домой; сначала идут те, кто быстро собирается, потом другие, наконец, самые медлительные, и я остаюсь один и смотрю на загадочную немую карту, напоминавшую мне лунные пейзажи в книгах моего отца; на доске красуется кусок батистовой тряпки и уродливый чертик, нарисованный Парамоновым, первым в классе по рисованию, и чертик почему-то кажется мне похожим на художника Сиповского. Такое томительное состояние продолжалось около часу, пока не приходил классный наставник:

— Идите домой. Постарайтесь вести себя не так по-хулигански.

Дома меня ждали обед и книжки, а вечером игра на дворе, куда мне запрещалось ходить. Мы жили тогда в доме, принадлежавшем Алексею Васильевичу Воронину, бывшему офицеру, происходившему из хорошего дворянского рода, человеку странному и замечательному. Он был высок ростом, носил густые усы и бороду, которые как-то скрывали его лицо:

41

светлые, сердитые глаза его, помню, всегда меня смущали. Мне казалось почему-то, что этот человек знает про меня много таких вещей, которых нельзя рассказывать. Он был страшен в гневе, не помнил себя, мог выстрелить в кого угодно: долгие месяцы порт-артурской осады отразились на его нервной системе. Он производил впечатление человека, носившего в себе глухую силу. Но при этом он был добр, хотя разговаривал с детьми неизменно строгим тоном, никогда ими не умилялся и не называл их ласкательными именами. Он был образован и умен и обладал той способностью постижения отвлеченных идей и далеких чувств, которая почти никогда не встречается у обыкновенных людей. Этот человек понимал гораздо больше, чем должен был понимать офицер в отставке, чтобы счастливо прожить свою жизнь. У него был сын, старше меня года на четыре, и две дочери, Марианна и Наталья, одна моих лет, другая ровесница моей сестры. Семья Воронина была моей второй семьей. Жена Алексея Васильевича, немка по происхождению, всегдашняя заступница провинившихся, отличалась тем, что не могла противиться никакой просьбе. Бывало, скажешь ей:

— Екатерина Генриховна, можно попросить у вас хлеба с вареньем, знаете, тем самым, что вы на Новый год сделали?

— Что ты, голубчик! — ужасалась она. — Этого варенья нельзя трогать.

— Екатерина Генриховна, мне очень хочется. Может быть, можно?

— Ах, какой ты странный. Ну, я тебе дам другого варенья, английского, оно тоже очень вкусное...

— Нет, Екатерина Генриховна, я знаю, что оно невкусное. Оно пахнет смолой. Можно новогоднего?

— Ты не понимаешь самых простых вещей. Ну, давай хлеб — я тебе принесу.

В ней текла такая стойкая и здоровая кровь, что за долгие годы она совсем не изменилась и, казалось, не могла постареть: достигла возраста двадцати пяти лет и такой осталась на всю жизнь. Ни в каких обстоятельствах она не теряла своей постоянной, спокойной хлопотливости, не забывала ни о чем и не волновалась. Когда однажды во дворе случился пожар — загорелся дровяной сарай — и я проснулся ночью оттого, что все вокруг было ярко освещено пламенем и стекла моего окна трескались от пожара, я увидел стоящую у моей кровати Екатерину Генриховну, совершенно так одетую, как если бы это происходило среди бела дня, причесанную и спокойную.

— А мне жалко тебя будить было, — сказала она. — Ты так сладко спал. Ну, вставай, не дай Бог, еще дом загорится. Только не засни опять, пожалуйста, мне еще надо пойти разбудить твою маму. Вот ведь, как неосторожно люди с огнем обращаются, оттого все и происходит.

Сын ее был тогда уже гимназистом четвертого класса, добрейшим мальчиком, но очень беспутным и неуравновешенным. Моя мать очень не любила его игры на пианино, хотя он обладал некоторыми музыкальными способностями; но он обрушивался на клавиатуру с такой яростью и так немилосердно нажимал педали, что она говорила:

— Миша, зачем вы тратите столько энергии?

И он отвечал:

— Это потому, что я очень увлекаюсь.

Младшую дочь в семье Ворониных мы дразнили Sophie, так как она очень походила на маленькую героиню книжки «Les malheurs de Sophie»[19], которую мы читали. У этой девочки была

---

[19] «Злоключения Софи» (фр.).

любовь к необыкновенным приключениям: она то убегала на базар и вертелась там целый день среди торговок, карманщиков и воров покрупнее — людей в хороших костюмах, с широкими внизу штанами, точильщиков, букинистов, мясников и тех продавцов хлама, которые существуют, кажется, во всех городах земного шара, одинаково одеваются в черные лохмотья, плохо говорят на всех языках и торгуют обломками решительно никому не нужных вещей; и все-таки они живут, и в их семьях сменяются поколения, как бы самой судьбой предназначенные именно для такой торговли и никогда ничем другим не занимающиеся, — они олицетворяли в моих глазах великолепную неизменность; то снимала чулки и туфли, и ходила босиком по саду после дождя, и, вернувшись домой, хвасталась:

— Мама, посмотри, какие у меня ноги черные.

— Ноги, действительно, очень черные, — отвечала

Екатерина Генриховна. — Только что же в этом хорошего?

Старшая дочь, Марианна, отличалась молчаливостью, рано развивавшейся женственностью и необыкновенной силой характера. Один раз, когда ей было одиннадцать лет, отец обозвал ее дурой: он находился в одном из своих припадков гнева, заставлявших его терять всегдашнюю вежливость. Она побледнела и сказала:

— Я теперь с тобой не буду разговаривать.

И не разговаривала два года. С сестрой и братом она обращалась как старшая; и в семье ее не то что побаивались, а остерегались. Все дети были красивы хорошей, крепкой красотой, были сильны физически и склонны к веселью; но русский сангвинический тип не был в них доведен до конца благодаря германской крови матери.

И Воронины, и я составляли только часть того детского

общества, которое собиралось по вечерам в саду или во дворе воронинского дома; с нами бывало еще несколько мальчиков и девочек: маленькая красавица еврейка Сильва, ставшая потом артисткой; двенадцатилетние сестры-близнецы Валя и Ляля, вечно друг с другом враждовавшие, реалист Володя, вскоре умерший от дифтерита. Пока было светло, все играли в классы, то есть прыгали по квадратам, нарисованным на земле; квадраты эти кончались большим неправильным кругом, на котором было написано: «рай», и маленьким кружком, «пеклом». Когда темнело, начиналась игра в прятки; и мы расходились по домам только после того, как горничная звала нас по крайней мере три раза. Я делил свое время между чтением, гимназией и пребыванием дома, на дворе, и бывали долгие периоды, когда я забывал о том мире внутреннего существования, в котором пребывал раньше. Изредка, однако, я возвращался в него, — этому обыкновенно предшествовало болезненное состояние, раздражительность и плохой аппетит, — и замечал, что второе мое существо, одаренное способностью бесчисленных превращений и возможностей, враждебно первому и становится все враждебнее по мере того, как первое обогащается новыми знаниями и делается сильнее. Было похоже, что оно боится собственного уничтожения, которое случится в тот момент, когда внешне я окончательно окрепну. Я проделывал тогда безмолвную, глухую работу, пытаясь достигнуть полноты и соединения двух разных жизней, которые мне удавалось достигать, когда представлялась необходимость быть резким в гимназии и мягким дома. Но то была простая игра, в этом же случае я чувствовал, что такое напряжение мне не по силам. Кроме того, мою внутреннюю жизнь я любил больше, чем другие. Я замечал вообще, что мое внимание бывало гораздо чаще привлекаемо предметами, которые не должны были бы меня затрагивать, и оставалось равнодушным ко многому, что меня непосредственно касалось. Прежде чем я понимал смысл какого-нибудь события, проходило иногда много времени, и только утеряв совсем воздействие на мою восприимчивость, оно приобретало то значение, какое должно было иметь тогда, когда происходило. Оно переселялось сначала в далекую и призрачную область, куда лишь изредка спускалось мое воображение и где я находил как бы геологические наслоения моей истории. Вещи, возникавшие передо мной, безмолвно рушились, и я опять все начинал сначала, и только испытав сильное потрясение и опустившись на дно сознания, я находил там те обломки, в которых некогда жил, развалины городов, которые я оставил. Это отсутствие непосредственного, немедленного отзыва на все, что со мной случалось, эта невозможность сразу знать, что делать, послужили впоследствии причинами моего глубокого несчастья, душевной катастрофы, произошедшей вскоре после моей первой встречи с Клэр. Но это было несколько позже.

Я долго не понимал внезапных припадков моей усталости — в те дни, когда я ничего не делал и не должен был бы утомиться. Однако, ложась в кровать, я испытывал такое чувство, точно проработал много часов подряд. Потом я догадался, что неведомые мне законы внутреннего движения заставляют меня пребывать в постоянных поисках и погоне за тем, что лишь на мгновение появится передо мной в виде громадной, бесформенной массы, похожей на подводное чудовище, — появится и исчезнет. Физически эта усталость выражалась в головных болях, да бывала еще иногда странная боль в глазах, как будто кто-то надавливал на них пальцами. И в глубине моего сознания ни на минуту не прекращалась глухая, безмолвная борьба, в которой я сам почти не играл никакой роли.

Я часто терял себя: я не был чем-то раз навсегда определенным; я изменялся, становясь то больше, то меньше; и, может быть, такая неверность своего собственного призрака, не позволявшая мне разделиться однажды и навек и стать двумя различными существами, — позволяла мне в реальной моей жизни быть более разнообразным, нежели это казалось возможным.

Эти первые, прозрачные годы моей гимназической жизни отягчались лишь изредка душевными кризисами, от которых я так страдал и в которых все же находил мучительное удовольствие. Я жил счастливо — если счастливо может жить человек, за плечами которого стелется в воздухе неотступная тень. Смерть никогда не была далека от меня, и пропасти, в которые повергало меня воображение, казались ее владениями. Я думаю, что это ощущение было наследственным: недаром мой отец так болезненно не любил всего, что напоминало ему о неизбежном конце; этот бесстрашный человек чувствовал здесь свое бессилие. Бессознательное, холодное равнодушие моей матери точно отразило в себе чью-то последнюю неподвижность, и жадная память сестер вбирала в себя все так быстро потому, что где-то в отдаленном их предчувствии смерть уже существовала. Иногда мне снилось, что я умер, умираю, умру; я не мог кричать, и вокруг меня наступало привычное безмолвие, которое я так давно знал; оно внезапно ширилось и изменялось, приобретая новое, доныне бывшее мне неизвестным, значение: оно предостерегало меня.

Мне всю жизнь казалось — даже когда я был ребенком, — что я знаю какую-то тайну, которой не знают другие; и это странное заблуждение никогда не покидало меня. Оно не могло основываться на внешних данных: я был не больше и не меньше образован, чем все мое невежественное поколение. Это было чувство, находившееся вне зависимости от моей воли. Очень редко, в самые напряженные минуты моей жизни, я испытывал какое-то мгновенное, почти физическое перерождение и тогда приближался к своему слепому знанию, к неверному постижению чудесного. Но потом я приходил в себя: я сидел, бледный и обессиленный, на том же месте, и по-прежнему все окружающее меня пряталось в свои каменные, неподвижные формы, и предметы вновь обретали тот постоянный и неправильный облик, к которому привыкло мое зрение.

После таких состояний я надолго забывал о них и возвращался к ежедневным моим заботам и к сборам в отъезд, если наступало лето, — потому что каждый год во время каникул я ездил на Кавказ, где жили многочисленные родные моего отца. Там из дома моего деда, стоявшего на окраине города, я уходил в горы. Высоко в воздухе летели орлы, я шагал по высокой траве с моим ружьем монте-кристо, из которого стрелял воробьев и кошек; в стороне с шумом тек Терек, и черная мельница одиноко возвышалась над его грязными волнами. Вдалеке, на горах, блестел снег — и я вспоминал опять о сугробе, который видел возле Минска несколько лет тому назад. Дойдя до леса, я ложился возле первого муравейника, который мне попадался, ловил гусеницу и осторожно клал ее у одного из входов в высокую, ноздреватую пирамиду, из которой выбегали муравьи. Гусеница уползала, подтягивая к себе извивающееся мохнатое тело. Ее настигал муравей; он хватался за ее хвост и пытался задержать ее, но она легко тащила его за собой. На помощь первому муравью прибегали другие: они облепляли гусеницу со всех сторон, живой клубок медленно подвигался назад и, наконец, скрывался в одном из отверстий. Та же судьба постигала крупных мух с синими крыльями, дождевых червей и даже жуков, хотя с последними муравьям было труднее всего справиться: жуки гладкие и твердые, их нелегко ухватить. Но самую жестокую борьбу я наблюдал в тот раз, когда пустил в муравейник большого черного тарантула. Я не видел более свирепого существа ни среди зверей, ни среди насекомых, известных своей жестокостью — если можно так назвать их непостижимый инстинкт. Самые злые зверьки, которых мне доводилось встречать — хорьки, хомяки, ласки, — обычно обладают известными аналитическими способностями и в случае опасности отступают, бросаются же на врага, только если нет возможности бегства. Я видел всего один раз, как ласка вцепилась в руку конюха, ранившего ее камнем: обычно же ласки убегали с чудесной, змеиной быстротой. Тарантул никогда не отступает. Я осторожно выпустил его из стеклянного пузырька: он упал прямо на муравьиную кучу.

Муравьи тотчас напали на него. Он передвигался по земле прыжками и отчаянно сражался, и вскоре множество перекушенных пополам муравьев билось на земле, умирая. Он с яростью бросался на все, что шевелилось, не воспользовался тем, что мог уйти, и оставался на месте, как бы ожидая новых противников. Битва длилась более часа, но, наконец, и тарантул был втянут в муравейник. Я смотрел на этот бой с томительным волнением, и смутные, бесконечно давно забытые воспоминания будто брезжили во мгле моих навсегда похороненных знаний. И сейчас же после этого я отправился дальше: ловить ящериц, лить воду в норки сусликов. После долгого ожидания из воды показывался мокрый зверек; он быстро выскакивал оттуда, мчался в строну и исчезал в какой-нибудь другой дыре. Но и суслики, и ящерицы, и муравьи, и даже тарантулы — все это было ничто по сравнению с необыкновенным зрелищем, которое мне пришлось увидеть как-то ранним утром июльского дня. Я видел переселяющихся крыс. Они шли неправильным четырехугольником, волоча по земле хвосты и перебирая лапками. Я сидел на дереве и глядел, как быстро чернела земля, как крысы дошли до маленького оврага, пропали в нем и потом снова появились, пища и стремясь все дальше; как потом они дошли до Терека, как остановилось на минуту их стадо и как затем, переплыв реку, они скрылись в чьем-то саду. Я слез с дерева и пошел лежать на опушку леса.

Тишина, солнце, деревья... Изредка слышно, как сыплется земля в овраге и трещат маленькие сухие ветки: это бежит кабан. Я засыпал на траве и просыпался с влажной спиной и желтым огнем перед глазами. Затем, оглядываясь на красное, заходящее солнце, я шел домой, в прохладные комнаты дедовской квартиры, и приходил как раз вовремя для того, чтобы увидеть пастуха в белой войлочной шляпе, гнавшего стадо с пастбища; и бодливые коровы деда, славящиеся злым нравом и хорошим удоем, мыча, входили в ворота скотного двора. Я знал, что сейчас к коровам бросятся телята, что работница будет отводить упрямые телячьи головы от вымени, и об белые донья ведер зазвенят упругие струи молока, и дед будет смотреть на это с галереи, выходящей во двор, и постукивать палкой по полу; потом он задумается, точно вспоминая что-то. А вспомнить ему было что. Когда-то давным-давно он занимался тем, что угонял табуны лошадей у враждебных племен и продавал их. В те времена это считалось молодечеством; и подвиги таких людей были предметом самых единодушных похвал; все это происходило в тридцатых и сороковых годах прошлого столетия. Я помнил деда маленьким стариком, в черкеске, с золотым кинжалом. В девятьсот двенадцатом году ему исполнилось сто лет; но он был крепок и бодр, а старость сделала его добрым. Он умер на второй год войны, сев верхом на необъезженную английскую трехлетку своего сына, старшего брата моего отца; но несравненное искусство верховой езды, которым юн славился много десятков лет, изменило ему. Он упал с лошади, ударился об острый край котла, валявшегося на земле, и через несколько часов умер. Он знал и помнил очень многое, но не обо всем рассказывал; и только со слов других стариков, младших его товарищей, я мог составить себе представление о том, что дед был умен и хитер, как змея, — так говорили простодушные выходцы из середины девятнадцатого столетия. Хитрость деда заключалась в том, что после прихода русских на Кавказ он оставил навсегда в покое табуны и зажил мирной жизнью, которой никак нельзя было ожидать от этого неудержимого человека. Все его товарищи погибли жертвами мести; на его дом дважды производили нападение, но в первый раз он узнал об этом заблаговременно и уехал со всей семьей, на второй раз — отстреливался несколько часов из винтовки, убил шесть человек и продержался до того времени, пока не подоспела помощь. Нападавшие все же успели причинить деду некоторый вред: они срубили его лучшую яблоню. Садом своим дед гордился и не пускал туда никого, кроме меня. В саду этом росли яблоки «белый налив», золотые громадные сливы и овальные груши необыкновенной величины, а посередине, в глубине оврага, который на кавказско-русском языке называется балкой, тек ручей, в котором водились форели. Я объедался незрелыми фруктами и ходил с бледным лицом и страданием в глазах. Тетка укоризненно говорила деду:

— Вот, пустил мальчика в сад!

Она фактически управляла всеми делами и по мере того, как дед все больше старел, забирала себе власть в руки. Но возражать деду она обычно не смела — и когда она сказала: вот, пустил мальчика в сад, — дед разгневался и закричал высоким старческим голосом:

— Молчать!

Она до полусмерти испугалась, пошла к себе в комнату и лежала целый час на диване, уткнувшись лицом в подушки. — Почему ты так испугалась? — спросил я. — Ты ничего не знаешь, — ответила тетка. — Дед меня зарубит. Дед страшный человек. — Ты просто трусиха, — сказал я. — Дед очень симпатичный, он тебя пальцем не тронет, хотя ты злая и скупая. Почему ты не хочешь, чтобы я ходил в сад? — продолжал я, забыв о дедушке и внезапно раздражившись. — Ты хочешь, чтобы все яблоки тебе остались? Ты их все равно не съешь. — Я напишу твоей маме, что ты говоришь мне дерзости. — Но угроза тетки меня нисколько не пугала, тем более что даже с теткой я редко ссорился: я был слишком занят стрельбой по воробьям, охотой за кошками и путешествиями в лес. И, прожив у деда месяц или полтора, я уезжал в Кисловодск, который очень любил, — единственный провинциальный город со столичными привычками и столичной внешностью. Я любил его дачи, возвышающиеся над улицами, его игрушечный парк, зеленую виноградную галерею, ведущую из вокзала в город, шум шагов по гравию курзала и беспечных людей, которые съезжались туда со всех концов России. Но начиная с первых лет войны Кисловодск был уже наводнен разорившимися дамами, прогоревшими артистами и молодыми людьми из Москвы и Петербурга; эти молодые люди ездили верхом на наемных лошадях и отчаянно трясли локтями, точно кто-то подталкивал их под руку. В Кисловодске я пил нарзан, разбавленный сиропом, ходил по парку и взбирался в гору к маленькому белому зданию с колоннами, которое стояло высоко над городом; оно называлось «Храм воздуха». Я не знал, кому принадлежало это претенциозное название, достойное уездного поэта с длинными волосами и тремя классами высшего начального училища в прошлом. Но я любил подниматься туда: там ветер, как воздушная река, журчал и струился между колоннами. Белые стены были покрыты надписями, в которых изощрялись российская безнадежная любовь и тщеславное стремление увековечить свое имя. Я любил красные камни на горе, любил даже «Замок коварства и любви», где был ресторан, а в ресторане прекрасные форели. Я любил красный песок кисловодских аллей и белых красавиц курзала, северных женщин с багровыми белками кроличьих глаз. Я проходил в парке мимо того пустячного утеса на Ольховке, где постоянно дежурил фотограф, который снимал дам и барышень, стоящих над падающей водяной стеной; эти снимки я видел везде, в самых глухих углах России.

— А это я в Кисловодске снималась...

— Как же, как же, — говорил я. — Я знаю.

Тот Кисловодск, который я видел в детстве, остался в моей памяти белым зданием с чувствительными надписями. Но вот по вечерам уже начинало делаться чуть-чуть прохладно; ранней осенью я возвращался домой, чтобы опять погрузиться в ту холодную и спокойную жизнь, которая в моем представлении неразрывно связана с хрустящим снегом, тишиной в комнатах, мягкими коврами и глубочайшими диванами, стоявшими в гостиной. Дома я точно переселялся в какую-то иную страну, где нужно было жить не так, как всюду.

Я любил вечерами сидеть в своей комнате с незажженным светом; с улицы розовое ночное пламя фонарей доходило до моего окна мягкими отблесками. И кресло было мягкое и удобное; и внизу, в квартире доктора, жившего под нами, медленно и неуверенно играло пианино. Мне казалось, что я плыву по морю и белая, как снег, пена волн колышется перед моими глазами. И когда я стал вспоминать об этом времени, я подумал, что в моей жизни не было отрочества. Я всегда искал общества старших и двенадцати лет всячески стремился, вопреки очевидности, казаться взрослым. Тринадцати лет я изучал «Трактат о человеческом разуме» Юма и добровольно прошел историю философии, которую нашел в нашем книжном шкафу. Это чтение навсегда вселило в меня привычку критического отношения ко всему, которая заменяла мне недостаточную быстроту восприятия и неотзывчивость на внешние события. Чувства мои не могли поспеть за разумом. Внезапная любовь к переменам, находившая на меня припадками, влекла меня прочь из дому; и одно время я начал рано уходить, поздно возвращаться и бывать в обществе подозрительных людей, партнеров по биллиардной игре, к которой я пристрастился в тринадцать с половиной лет, за несколько недель до революции. Помню густой синий дым над сукном и лица игроков, резко выступавшие из тени; среди них были люди без профессии, чиновники, маклера и спекулянты. У меня было несколько товарищей, таких же, как я; и после общего выигрыша мы все в десять часов вечера отправлялись в цирк, смотреть на наездниц; или в какое-нибудь кабаре, где пелись скабрезные куплеты и танцевали шансонетки; они приплясывали, стоя на эстраде и складывая руки ниже пояса таким образом, чтобы концы большого и указательного пальца левой руки соприкасались с концами тех же пальцев правой. Это стремление к перемене и тяга из дому совпали со временем, которое предшествовало новой эпохе моей жизни. Она все вот-вот должна была наступить; смутное сознание ее нарастающей неизбежности всегда существовало во мне, но раздроблялось в массе мелочей: я как будто стоял на берегу реки, готовый броситься в воду, но все не решался, зная, однако, что этого не миновать: пройдет еще немного времени — и я погружусь в воду и поплыву, подталкиваемый ее ровным и сильным течением. Был конец весны девятьсот семнадцатого года; революция произошла несколько месяцев тому назад; и, наконец, летом, в июне месяце, случилось то, к чему постепенно и медленно вела меня моя жизнь, к чему все, прожитое и понятое мной, было только испытанием и подготовкой: в душный вечер, сменивший невыносимо жаркий день, на площадке гимнастического общества «Орел», стоя в трико и туфлях, обнаженный до пояса и усталый, я увидел Клэр, сидевшую на скамье для публики.

Утром следующего дня я опять пришел на площадку, чтобы принимать солнечную ванну, и лежал на песке, закинув руки за голову и глядя в небо. Ветер шевелил складку на моем купальном трико, которое было мне чуть-чуть просторнее, чем следовало бы. Площадка была пуста, только в тени сада, прилегающего к соседнему дому, Гриша Воробьев, студент и гимнаст, читал роман Марка Криницкого. Через полчаса молчания он спросил меня:

— Читал ты Криницкого?

— Нет, не читал.

— Это хорошо, что не читал. — И Гриша опять замолчал. Я закрыл глаза и увидел оранжевую мглу, пересеченную зелеными молниями. Должно быть, я проспал несколько минут, потому что ничего не слышал. Вдруг я почувствовал холодную мягкую руку, коснувшуюся моего плеча. Чистый женский голос сказал надо мной: — Товарищ гимнаст, не спите, пожалуйста. — Я открыл глаза и увидел Клэр, имени которой я тогда не знал. — Я не сплю, — ответил я. — Вы меня знаете? — продолжала Клэр. — Нет, вчера вечером я увидел вас в первый раз. Как ваше имя? — Клэр. — А, вы француженка, — сказал я, обрадовавшись неизвестно почему. — Садитесь, пожалуйста; только здесь песок. — Я вижу, — сказала Клэр. — А вы, кажется, усиленно занимаетесь гимнастикой и даже ходите по брусьям на руках. Это очень смешно. — Это я в корпусе научился.

Она помолчала минуту. У нее были длинные розовые ногти, очень белые руки, литое, твердое тело и длинные ноги с высокими коленями. — У вас, кажется, есть площадка для тенниса? — Голос ее содержал в себе секрет мгновенного очарования, потому что он всегда казался уже знакомым; мне и казалось, что я его где-то уже слыхал и успел забыть и вспомнить. — Я хочу играть в теннис, — говорил этот голос, — и записаться в гимнастическое общество. Развлекайте меня, пожалуйста, вы очень нелюбезны. — Как же вас развлекать? — Покажите мне, как вы делаете гимнастику. — Я ухватился руками за горячий турник, показал все, что умел, потом перевернулся в воздухе и опять сел на песок. Клэр посмотрела на меня, держа руку над глазами; солнце светило очень ярко. — Очень хорошо; только вы когда-нибудь сломаете себе голову. А в теннис вы не играете? — Нет. — Вы очень односложно отвечаете, — заметила Клэр. — Видно, что вы не привыкли разговаривать с женщинами. — С женщинами? — удивился я; мне никогда не приходила в голову мысль, что с женщинами нужно как-то особенно разговаривать. С ними следовало быть еще более вежливым, но больше ничего. — Но вы ведь не женщина, вы барышня. — А вы знаете разницу между женщиной и барышней? — спросила Клэр и засмеялась. — Знаю. — Кто же вам объяснил? Тетя? — Нет, я это знаю сам. — По опыту? — сказала Клэр и опять рассмеялась. — Нет, — сказал я, краснея. — Боже мой, он покраснел! — закричала Клэр и захлопала в ладоши; и от этого шума проснулся Гриша, мирно заснувший над Марком Криницким. Он кашлянул и встал: лицо его было помято, зеленая полоса от травы пересекала его щеку.

— Кто этот красивый и сравнительно молодой человек?

— К вашим услугам, — сказал Гриша низким голосом, еще не вполне чистым, еще звучавшим из сна. — Григорий Воробьев.

— Вы это говорите так гордо, как будто бы вы сказали: Лев Толстой.

— Товарищ председателя этой симпатичной организации, — объяснил Гриша, — и студент третьего курса юридического факультета.

— Ты забыл прибавить: и читатель Марка Криниц-кого, — сказал я.

— Не обращайте внимания, — сказал Гриша, обращаясь к Клэр. — Этот юноша чрезвычайно молод.

Я переходил тогда из пятого класса в шестой; Клэр кончала гимназию. Она не была постоянной обитательницей нашего города; ее отец, коммерсант, временно проживал на Украине. Они все, то есть отец и мать Клэр и ее старшая сестра, занимали целый этаж большой гостиницы и жили отдельно друг от друга. Матери Клэр никогда не бывало дома; сестра Клэр, ученица консерватории, играла на пианино и гуляла по городу, куда ее всегда сопровождал студент Юрочка, носивший за ней папку с нотами. Вся жизнь ее заключалась только в этих двух занятиях — прогулках и игре; и за пианино она быстро говорила, не переставая играть: — Боже мой, и подумать, что я сегодня еще не выходила из дому! — а гуляя, вдруг вспоминала о том, что плохо разучила какое-то упражнение; и Юрочка, неизменно при ней находившийся, только деликатно кашлял и перекладывал папку с нотами из одной руки в другую. Это была странная семья. Глава семейства, седой человек, всегда тщательно одетый, казалось, игнорировал существование гостиницы, в которой жил. Он ездил то в город, то за город на своем желтом автомобиле, бывал каждый вечер в театре, или в ресторане, или в кабаре, и многие его знакомые даже не подозревали, что он воспитывает двух дочерей и заботится о своей жене, их матери. С ней он встречался изредка в театре и очень любезно ей кланялся, а она с такой же любезностью, которая, однако, казалась более подчеркнутой и даже несколько насмешливой, отвечала ему.

— Кто это? — спрашивала спутница главы семейства.

— Кто это? — спрашивал мужчина, сопровождавший его жену.

— Это моя жена.

— Это мой муж.

И они оба улыбались и оба знали и видели: он — улыбку жены, она — улыбку мужа.

Дочери их были предоставлены самим себе. Старшая собиралась выходить замуж за Юрочку; младшая, Клэр, была равнодушно-внимательна ко всем; в доме их не было никаких правил, никаких установленных часов для еды. Я был несколько раз в их квартире. Я приходил туда прямо с площадки, усталый и счастливый потому, что сопровождал Клэр. Я любил ее комнату с белой мебелью, большим письменным столом, покрытым зеленой промокательной бумагой, — Клэр никогда ничего не писала, — и кожаным креслом, украшенным львиными головами на ручках. На полу лежал большой синий ковер, изображавший непомерно длинную лошадь с худощавым всадником, похожим на пожелтевшего Дон-Кихота; низкий диван с подушками был очень мягок и покат — уклон его был к стене. Я любил даже акварельную Леду с лебедем, висевшую на стене, хотя лебедь был темного цвета. — Наверное, помесь обыкновенного лебедя с австралийским, — сказал я Клэр; а Леда была непростительно непропорциональна. Мне очень нравились портреты Клэр — их у нее было множество, потому что она очень любила себя, — но не только то нематериальное и личное, что любят в себе все люди, но и свое тело, голос, руки, глаза. Клэр была весела и насмешлива и, пожалуй, слишком много знала для своих восемнадцати лет. Со мной она шутила: заставляла меня читать вслух юмористические рассказы, одевалась в мужской костюм, рисовала себе усики жженой пробкой, говорила низким голосом и показывала, как должен вести себя «приличный подросток». Но, несмотря на шутки Клэр и ту пустоту, с какой она постоянно ко мне относилась, мне бывало не по себе. Клэр находилась в том возрасте, когда все способности девушки, все усилия ее кокетливости, каждое ее движение и всякая мысль суть бессознательные проявления необходимости физического любовного чувства, нередко почти безличного и превращающегося из развязки взаимных отношений в нечто другое, что ускользает от нашего понимания и начинает вести самостоятельную жизнь, как растение, которое незримо находится в комнате и наполняет воздух томительным и непреодолимым запахом. Я тогда не понимал этого, но не переставал это ощущать; и мне было нехорошо, у меня срывался голос, я невпопад отвечал, бледнел и, взглядывая на себя в зеркало, не узнавал своего лица. Мне все чудилось, что я погружаюсь в огненную и сладкую жидкость и вижу рядом с собой тело Клэр и ее светлые глаза с длинными ресницами. Клэр как будто понимала мое состояние: она вздыхала, потягивалась всем телом — она обычно сидела на диване — и вдруг опрокидывалась на спину с изменившимся лицом и стиснутыми зубами. Это могло бы продолжаться долго, если бы через некоторое время я не перестал приходить в гости к Клэр, обидевшись на ее мать, — что случилось очень неожиданно; я сидел как-то у Клэр, как всегда, в кресле; Клэр лежала на диване; внезапно я услыхал за дверью низкий женский голос, раздраженно говоривший что-то горничной. — Моя мать, — сказала Клэр. — Странно, она в такое время редко бывает дома. — И в ту же минуту мать Клэр вошла в комнату, не постучавшись. Она была худощавой дамой лет тридцати четырех; на шее у нее было бриллиантовое колье, на руках громадные изумруды: меня сразу неприятно удивило это обилие драгоценностей. Она могла показаться красивой, но ее лицо портили толстые губы и светлые, жестокие глаза. Я встал и поклонился ей: Клэр меня тотчас представила. Ее мать, едва на меня взглянув, сказала: бесконечно счастлива с вами познакомиться, — и в ту же секунду обратилась к Клэр по-французски:

— Je ne sais pas, pourquoi tu invites toujours des jeunes gens, comme celui-là, qui a sa sale chemise déboutonnée et qui ne sait même pas se tenir[20].

Клэр побледнела.

— Ce jeune homme comprend bien le français[21], — сказала она.

Мать ее посмотрела на меня с упреком, точно я был в чем-нибудь виноват, быстро вышла из комнаты, шумно закрыв за собой дверь, и уже в коридоре закричала:

— Oh, laissez-moi tranquille tous![22]

После этого случая я перестал бывать у Клэр; наступала поздняя осень, в теннис больше не играли, я не мог видеть Клэр на гимнастической площадке. В ответ на мои письма она назначила мне два свидания, но ни на одно не явилась. И я не встречал ее четыре месяца. Потом была уже зима; и в лесу, за городом, куда я ходил на лыжах, деревья звенели от мороза, как серебро; и лихачи неслись по укатанной дороге в загородный ресторан «Версаль». Над снежными равнинами, которые начинались за лесом, медленно летали вороны. Я следил за их неторопливым полетом и думал о Клэр; и странная надежда встретить ее здесь вдруг начинала мне казаться возможной, хотя не было никакого сомнения в том, что Клэр не могла сюда прийти. Но так как я готовился только к встрече с ней и

---

[20] — Я не знаю, почему ты всегда приглашаешь таких молодых людей, как вот этот, у которого грязная, расстегнутая рубашка и который даже не умеет себя прилично держать (фр.). — Пер. автора.

[21] — Этот молодой человек понимает по-французски (фр.) — Пер. автора.

[22] Ах, оставьте меня в покое! (фр.) — Пер. автора.

забывал обо всем остальном, то способности здравого размышления были во мне заглушены; и я походил на человека, который, потеряв деньги, ищет их повсюду и главным образом там, где их никак быть не может. Все эти четыре месяца я думал только о Клэр. Я все видел перед собой ее невысокую фигуру, ее взгляд, ее ноги в черных чулках. Я представлял себе диалог, который произойдет между нами; я слышал смех Клэр, я видел ее во сне. И, медленно скользя на лыжах, я с бессознательным вниманием смотрел на снег, точно искал ее следы. Остановившись в лесу, чтобы закурить папиросу, я слушал хруст веток, согнувшихся под тяжестью снега, и ждал, что вот-вот послышатся шаги, взовьется снежная пыль и в белом ее облаке я увижу Клэр. И хотя я хорошо знал ее наружность, но я не всегда видел ее одинаковой; она изменялась, принимала формы разных женщин и становилась похожей то на леди Гамильтон, то на фею Раутенделейн. Я не понимал тогда своего состояния; теперь же мне казалось, что все эти странности и изменения походили на то, как если бы по широкой и гладкой полосе воды вдруг пробежал бы луч прожектора, и вода рябилась бы и блестела, и человек, глядящий туда, увидел бы в этом блистании и изломанное изображение паруса, и огонек далекого дома, и белую ленту известкового шоссе, и сверкающий рыбий хвост, и дрожащий образ какого-то высокого стеклянного здания, в котором он никогда не жил. Мне становилось холодно; я опять пускался в дорогу и шел к городу; был уже вечер; розовый от заката снег расстилался кругом, и за дальним поворотом шоссе бряцали колокольчики под дугой, и звуки их сталкивались и перебивали друг друга, лепеча невнятные мелодии. Темнело; и как будто синее стекло застывало в воздухе, — синее стекло, в котором возникало изображение города, куда я возвращался, где в белом высоком доме гостиницы жила Клэр; наверное, думал я, она лежит теперь на диване, все так же безмолвно скачет желтый Дон-Кихот на ковре и темно-серый лебедь обнимает толстую Леду; и дорога от Клэр ко мне стелется над землей и прямо соединяет лес, по которому я иду, с этой комнатой, с этим диваном и Клэр, окруженной романтическими сюжетами. Я ждал — и обманывался; и в этих постоянных ошибках черные чулки Клэр, ее смех и глаза соединялись в нечеловеческий и странный образ, в котором фантастическое смешивалось с настоящим и воспоминания моего детства со смутными предчувствиями катастроф; и это было так невероятно, что я много раз хотел бы проснуться, если бы спал. И это состояние, в котором я и был и не был, вдруг стало принимать знакомые облики, я узнал побледневшие призраки моих прежних скитаний в неизвестном — и я снова впал в давнишнюю мою болезнь; все предметы представлялись мне неверными и расплывчатыми, и опять оранжевое пламя подземного солнца осветило долину, куда я падал в туче желтого песка, на берег черного озера, в мою мертвую тишину. Я не знал, сколько времени прошло до той минуты, когда я увидел себя в своей постели, в комнате с высокими потолками. Я измерял тогда время расстоянием, и мне казалось, что я шел бесконечно долго, пока чья-то спасительная воля не остановила меня. Я видел однажды на охоте раненого волка, спасавшегося от собак. Он тяжело прыгал по снегу, оставляя на белом поле красные следы. Он часто останавливался, но потом с трудом снова пускался бежать; и когда он падал, мне казалось, что страшная земная сила тщится приковать его к одному месту и удержать там — вздрагивающей серой массой — до тех пор, пока не приблизятся вплотную оскаленные морды собак. Эта же сила, думал я, точно громадный магнит, останавливает меня в моих душевных блужданиях и пригвождает меня к кровати; и опять я слышу слабый голос няни, доходящий до меня будто с другого берега синей невидимой реки:

Ах, не вижу я милова
Ни в деревне, ни в Москве,
Только вижу я милова
В темной ночке да в сладком сне.

На стене висит давно знакомый рисунок Сиповского: петух, которого он рисовал при мне. — А у Клэр лебедь и Дон-Кихот,

— думаю я и тотчас приподнимаюсь. — Да, — говорю я себе, точно проснувшись и прозрев, — да, это Клэр. Но что «это»? — опять думаю я с беспокойством — и вижу, что это — все: и няня, и петух, и лебедь, и ДонКихот, и я, и синяя река, которая течет в комнате, это все — вещи, окружающие Клэр. Она лежит на диване, с бледным лицом, со стиснутыми зубами, ее сосцы выступают под белой кофточкой, ноги в черных чулках плывут по воздуху, как по воде, и тонкие жилки под коленями набухают от набегающей в них крови. Под ней коричневый бархат, над ней лепной потолок, вокруг мы с лебедем, Дон-Кихотом и Ледой томимся в тех формах, которые нам суждены навсегда; вокруг нас громоздятся дома, обступающие гостиницу Клэр, вокруг нас город, за городом поля и леса, за полями и лесами — Россия; за Россией вверху, высоко в небе летит, не шевелясь, опрокинутый океан, зимние, арктические воды пространства. А внизу у доктора играют на пианино, и звуки качаются, как на качелях. — Клэр, я жду вас, — говорил я вслух. — Клэр, я всегда жду вас. — И опять я видел бледное лицо, отдельно от тела, и колени Клэр, словно отрубленные чьей-то рукой и показанные мне. — Ты хотел видеть лицо Клэр, ты хотел видеть ее ноги? Смотри. — И я смотрел в это лицо, как глядел бы в паноптикуме на говорящую голову, окруженную восковыми фигурами в странных костюмах, нищими, бродягами и убийцами. Но почему, думал я, все эти частицы меня и все, в чем я веду столько существований, эта толпа людей и бесконечный шум звуков и все остальное: снег, деревья, дома, долина с черным озером — почему-то вдруг сразу воплощалось во мне, и я был брошен на кровать и осужден лежать часами перед воздушным портретом Клэр и быть таким же неподвижным ее спутником, как ДонКихот и Леда, стать романтическим персонажем и спустя много лет опять потерять себя, как в детстве, как раньше, как всегда? Когда моя болезнь прошла, я продолжал все-таки жить точно в глубоком черном колодце, над которым, беспрерывно возникая, и изменяясь, и отражаясь в темном водяном зеркале, стояло бледное лицо Клэр. Колодец раскачивался, как дерево на ветру, и отражение Клэр бесконечно удлинялось и ширилось и, задрожав, исчезало.

Больше всего я любил снег и музыку. Когда бывала метель и казалось, что нет ничего — ни домов, ни земли, а только белый дым, и ветер, и шорох воздуха; и когда я шел сквозь это движущееся пространство, я думал иногда, что если бы легенда о сотворении мира родилась на севере, то первыми словами священной книги были бы слова: «Вначале была метель». Когда она стихала, из-под снега вдруг появлялся целый мир, точно сказочный лес, выросший из чьего-то космического желания; я видел эти кривые линии черных зданий, и ложащиеся со свистом сугробы, и маленькие фигуры людей, идущие по улицам. Я особенно любил смотреть, как во время метели летят сквозь снег и опускаются на землю птицы: они то складывают, то вновь раскрывают крылья, точно не хотят расставаться с воздухом — и все же садятся; и сразу, будто по волшебству, превращаются в черные комки, шагающие на невидимых ногах, и выпрастывают крылья особенным, птичьим движением, мне почему-то необыкновенно понятным. Я давно уже не верил ни в Бога, ни в ангелов, но зрительные представления небесных сил сохранились у меня с детства; и я думал, что эти крылатые красивые люди летели бы и садились не так, как птицы: они не должны были бы делать быстрых движений, так как такие взмахи крыльев свидетельствуют о суетливости. Когда я смотрел на птиц, опускающихся с большой высоты, я всегда вспоминал убитого орла. Я вспоминал, как однажды отец с винтовкой за плечом возвращался с неудачной охоты на кабана; я пошел ему навстречу. Мне было тогда лет восемь. Отец взял меня за руку, потом поглядел наверх и сказал:

— Смотри, Коля: видишь, птица летит?

— Вижу.

— Это орел.

Очень высоко в воздухе, расправив крылья, действительно парил орел; то наклоняясь набок, то опять выпрямляясь, он медленно, как мне казалось, пролетал над нами. Было очень жарко и светло. — Орел может, не мигая, смотреть на солнце, — подумал я. Отец долго целился, ведя мушку винтовки за полетом орла, потом выстрелил. Орел тотчас же дернулся вверх, точно пуля его подбросила в воздухе, сделал несколько быстрых взмахов крыльями и упал. На земле он вертелся, как волчок, и раскрывал грязный клюв; перья его были в крови. — Не подходи! — закричал мне отец, когда я бросился было к тому месту, где упала птица. И я приблизился к орлу только после того, как он перестал шевелиться. Он лежал на земле, полураскрыв согнутое сломанное крыло, подогнув голову с кровавым клювом, и желтый его глаз уже становился стеклянным. На одной его лапе блестело медное кольцо, по которому что-то было нацарапано. — Орел-то старый, — пробормотал отец. Я вспоминал об этом каждый раз, когда бывала метель, потому что впервые вспомнил об убитом орле именно во время метели; я был тогда в парке, на лыжах, и метель заставила меня искать убежища в небольшой избушке, находившейся посередине пригородного леса. В этой избушке была лыжная станция. Дождавшись тихой погоды, я снова вышел в лес: лыжи глубоко погружались в мягкий, только что нападавший снег. Через некоторое время ударил мороз и все небо мгновенно покраснело. — Будет ветер, — подумал я. Но пока что стояла тишина. — Будет ветер, — повторил я вслух. И тогда далеко-далеко в лесу вдруг что-то прозвенело. Упала ли ледяная сосулька с дерева, зацепился ли легкий ветер об один из тех прозрачных сталактитов, которые нависают на елях, — я не знаю. Знаю только, после этого вновь наступило молчание, — и потом опять зазвенел лед. Будто маленький лесной карлик, живущий где-нибудь в дупле, тихо играл на стеклянной скрипке. И вдруг мне показалось, что громадное земное пространство свернулось, как географическая карта, и что вместо России я очутился в сказочном Шварцвальде. За деревьями стучат дятлы; белые снежные горы засыпают над ледяными полями озер; и внизу, в долине, плывет в воздухе тоненькая звенящая сеть, застывающая на морозе. В ту минуту — как каждый раз, когда я бывал по-настоящему счастлив, — я исчез из моего сознания; так случалось в лесу, в поле, над рекой, на берегу моря, так случалось, когда я читал книгу, которая меня захватывала. Уже в те времена я слишком сильно чувствовал несовершенство и недолговечность того безмолвного концерта, который окружал меня везде, где бы я ни был. Он проходил сквозь меня, на его пути росли и пропадали чудесные картины, незабываемые запахи, города Испании, драконы и красавицы, — я же оставался странным существом с ненужными руками и ногами, со множеством неудобных и бесполезных вещей, которые я носил на себе. Жизнь моя казалась мне чужой. Я очень любил свой дом, свою семью, но мне часто снился сон, будто я иду по нашему городу и прохожу мимо здания, в котором живу, и непременно прохожу мимо, а зайти туда не могу, так как мне нужно двигаться дальше. Что-то заставляло меня стремиться все дальше, — как будто я не знал, что не увижу ничего нового. Я видел этот сон очень часто. Я нес в себе бесконечное количество мыслей, ощущений и картин, которые я испытал и видел, — и не чувствовал их веса. А при мысли о Клэр тело мое наливалось расплавленным металлом, и все, о чем я продолжал думать, — идеи, воспоминания, книги, — все неизменно торопилось оставить свой обычный вид, и «Жизнь животных» Брема или умирающий орел — неизменно представлялись мне высокими коленями Клэр, ее кофточкой, сквозь которую были видны круглые томительные пятна, окружающие соски, ее глазами и лицом. Я старался не думать о Клэр, но лишь изредка это мне удавалось. Были, впрочем, вечера, когда я вовсе о ней не вспоминал: вернее, мысль о Клэр лежала в глубине моего сознания, а мне казалось, что я забываю о ней.

Однажды, очень поздно ночью, я возвращался из цирка домой пешком — и не думал о Клэр. Шел сильный снег; сигара, которую я курил, поминутно потухала. На улицах не было никого, все окна были темны. Я шел и вспоминал песенку клоуна:

> Я не советский,
> Я не кадетский,
> Ах, я народный комиссар... —

и тот странный, зыбучий отклик, который получается всегда, если артист играет на каком-нибудь музыкальном инструменте и поет на песчаной <арене> под аккомпанемент этого мотива, не перестававшего мне слышаться. Вместе с тем ожидание какого-то события вдруг появилось во мне — и тогда, подумав над этим, я понял, что давно уже слышу за собой шаги. Я обернулся: окруженная лисьим воротником своей шубки, как желтым облаком, широко открыв глаза, глядя сквозь медленно падающий снег, — за мной шла Клэр. Мне показалось, что недалеко за углом вдруг раздалось быстрое бульканье стекающей на тротуар воды, потом ударили молотком по камню — и сразу после этого наступила та тишина, которую я слышал во время припадков моей болезни. Мне стало трудно дышать; снежный туман стоял вокруг меня — и все, что затем произошло, случилось помимо меня и вне меня: мне было трудно говорить, и голос Клэр доходил до меня словно издалека. — Здравствуйте, Клэр, — сказал я, — я вас очень давно не видел. — Я была занята, — ответила Клэр, смеясь, — я выходила замуж. — Клэр теперь замужем, — подумал я, не понимая. Но страшная привычка к необходимости вести разговор как-то удерживала небольшую часть моего ускользающего внимания, и я отвечал, и говорил, и даже огорчался во время этого разговора; но все, что я произносил, было неправильно и не соответствовало моим чувствам. Клэр, не переставая смеяться и пристально смотреть на меня — и теперь я вспоминал, что на секунду в зрачках ее мелькнул испуг, когда она поняла, что не может вывести меня из состояния мгновенно наступившего оцепенения, — рассказала, что она замужем девять месяцев, но что она не хочет портить фигуры. — Это хорошо, — пробормотал я, поняв только фразу о том, что Клэр не хочет портить фигуры; а почему фигура могла бы испортиться, этого я не слышал и не понял. В другое время простое заявление о нежелании портить фигуру меня бы, конечно, удивило, как удивило бы, если бы кто-нибудь сказал ни с того ни с сего: я не хочу, чтобы мне отрезали ногу. — Вам придется примириться с тем, что я перестала быть девушкой и стала женщиной. Помните наш первый разговор? — Примириться? — подумал я, поймав это слово. — Да, надо примириться... Я не сержусь на вас, Клэр, — сказал я. — Вас это не пугает? — продолжала Клэр. — Нет, напротив. — Мы шли теперь вместе; я держал Клэр под руку; вокруг был снег, падавший крупными хлопьями. — Запишите по-французски, — услышал я голос Клэр, и я секунду вспоминал, кто это говорит со мной. — Claire n'était plus vierge[23]. — Хорошо, — сказал я: — Claire n'était plus vierge. — Когда мы дошли до гостиницы Клэр, она проговорила:

— Моего мужа нет в городе. Моя сестра ночует у Юрочки. Мамы и папы тоже нет дома.

— Вы будете спокойно спать, Клэр.

Но Клэр рассмеялась опять.

— Надеюсь, что нет.

Она вдруг подошла ко мне и взяла меня двумя руками за воротник шинели.

— Идемте ко мне, — сказала она резко. В тумане передо мной, на довольно большом расстоянии, я видел ее неподвижное лицо. Я не двинулся с места. Лицо ее приблизилось и стало гневным.

— Вы сошли с ума или вы больны?

— Нет, нет, — сказал я.

---

[23] — Клэр не была более девушкой (фр.). — Пер. автора.

— Что с вами?

— Я не знаю, Клэр.

Она не попрощалась со мной, поднялась по лестнице, и я слышал, как она открыла дверь и постояла минуту на пороге. Я хотел пойти за ней и не мог. Снег все шел по-прежнему и исчезал на лету, и в снегу клубилось и пропадало все, что я знал и любил до тех пор. И после этого я не спал две ночи. Через некоторое время я опять встретил Клэр на улице и поклонился ей, но она не ответила на поклон.

В течение десяти лет, разделивших две мои встречи с Клэр, нигде и никогда я не мог этого забыть. То я жалел, что не умер, то представлял себя возлюбленным Клэр. Бродягой, ночуя под открытым небом варварских азиатских стран, я все вспоминал ее гневное лицо, и, спустя много лет, ночью я просыпался от бесконечного сожаления, причину которого не сразу понимал — и только потом догадывался, что этой причиной было воспоминание о Клэр. Я вновь видел ее — сквозь снег, и метель, и безмолвный грохот величайшего потрясения в моей жизни.

Я не помню такого времени, когда — в какой бы я обстановке ни был и среди каких бы людей ни находился — я не был бы уверен, что в дальнейшем я буду жить не здесь и не так. Я всегда был готов к переменам, хотя бы перемен и не предвиделось; и мне заранее становилось немного жаль покидать тот круг товарищей и знакомых, к которому я успевал привыкнуть. Я думал иногда, что это постоянное ожидание не зависело ни от внешних условий, ни от любви к переменам; это было чем-то врожденным и непременным и, пожалуй, таким же существенным, как зрение или слух. Впрочем, неуловимая связь между напряженностью такого ожидания и другими впечатлениями, доходившими до меня извне, все же, конечно, существовала, но была необъяснима никакими рациональными доводами. Помню, незадолго до моего отъезда, который тогда не был еще решен, я, сидя в парке, вдруг услыхал рядом с собой польскую речь; в ней часто повторялись слова «вшистко»[24] и «бардзо»[25]. Я почувствовал холод в спине и ощутил твердую уверенность в том, что теперь я непременно уеду. Какое отношение эти слова могли иметь к ходу событий в моей жизни? Однако, услыхав их, я понял, что теперь сомнений не остается. Я не знал, появилась ли бы такая уверенность, если бы вместо этой польской речи рядом со мной раздался свист дрозда или меланхолический голос кукушки. Тогда же я внимательно посмотрел на человека, говорившего «вшистко» и «бардзо»; это был, по-видимому, польский еврей, на лице которого стояло выражение испуга и готовности тотчас же улыбнуться и еще, пожалуй, едва заметной, едва проступающей, но все же несомненной подлости: такие лица бывают у приживальщиков и альфонсов. С ним сидела девица лет двадцати двух; у нее были кольца на покрасневших пальцах с нечищеными длинными ногтями, печальные, закисающие глаза и такая особенная улыбка, которая вдруг делала ее близкой всякому человеку, на нее случайно взглянувшему. Я никогда больше не видел этих людей; и, однако, я запомнил их очень хорошо, как будто знал их долго и давно. Впрочем, незнакомые люди всегда интересовали меня. В них явственнее было то, что у знакомых становилось чем-то домашним, неопасным и поэтому неинтересным. Тогда мне казалось, что каждый незнакомый знает что-то, чего я не могу угадать; и я различал людей незнакомых просто от незнакомых par excellence[26], тип которых существовал в моем воображении как тип иностранца, то есть не только человека другой национальности, но и принадлежащего к другому миру, в который мне нет доступа. Может быть, мое чувство к Клэр отчасти возникло и потому, что она была француженкой и иностранкой. И хотя по-русски она говорила совершенно свободно и чисто и понимала все, вплоть до смысла народных

---

[24] все (польск.).

[25] очень (польск.).

[26] предпочтительно (фр.).

поговорок, — все же в ней оставалось такое очарование, которого не было бы у русской. И французский язык ее был исполнен для моего слуха неведомой и чудесной прелести, несмотря на то, что я говорил по-французски без труда и, казалось, тоже должен был знать его музыкальные тайны, — не так, как Клэр, конечно, но все-таки должен был знать. И, с другой стороны, я всегда бессознательно стремился к неизвестному, в котором надеялся найти новые возможности и новые страны; мне казалось, что от соприкосновения с неизвестным вдруг воскреснет и проявится в более чистом виде все важное, все мои знания, и силы, и желание понять еще нечто новое; и, поняв, тем самым подчинить его себе. Такие же стремления, только в иной форме, воодушевляли, как я думал тогда, рыцарей и любовников; и воинственные походы рыцарей, и преклонение перед иностранными принцессами любовников — все это было неутолимым желанием знания и власти. Но тут же возникало противоречие, которое заключалось в том, что были для походов рыцарей непосредственные причины, в которые они сами верили и из-за которых они шли воевать; и не были ли эти причины настоящими, а другие — выдуманными? И вся история, и романтизм, и искусство являлись лишь тогда, когда событие, послужившее основанием их возникновения, уже умерло и более не существует, а то, что мы читаем и думаем о нем, — только игра теней, живущих в нашем воображении. И как в детстве я изобретал свои приключения на пиратском корабле, о котором рассказал мне отец, так потом я создавал королей, конквистадоров и красавиц, забывая, что иногда красавицы были кокотками, конквистадоры — убийцами и короли — глупцами; и рыжебородый гигант Барбаросса не думал никогда ни о знании, ни о фантазии, ни о любви к неизвестному; и, может быть, утопая в реке, он не вспоминал о том, о чем ему полагалось бы вспоминать, если бы он подчинялся законам той воображаемой своей жизни, которую мы создали ему много сот лет после его смерти. И когда я думал об этом, все представлялось мне неверным и расплывчатым, как тени, движущиеся в дыму. И опять от таких напряженных, но произвольных моих представлений я обращался к тому, что видел вокруг себя, и к более близкому знакомству с людьми, меня окружавшими; это было тем важнее, что я чувствовал уже приближающуюся необходимость покинуть их и, может быть, никогда потом не увидеть. Но когда я сосредоточивал на них свое внимание, я замечал чаще всего их недостатки и смешные стороны и не замечал их достоинств; отчасти это происходило от моего неумения разбираться в людях, отчасти потому, что критическое отношение к ним было у меня сильно, а искусства воспринимать и понимать их почти не было. Оно появилось значительно позже, и то нередко бывало неверным, хотя подчас очень искренним и чистосердечным. Мне нравилось любить некоторых людей, не особенно сближаясь с ними, тогда в них оставалось нечто недосказанное, и, хотя я знал, что это недосказанное должно быть просто и обыкновенно, я все же невольно создавал себе иллюзии, которые не появились бы, если бы ничего недосказанного не осталось. Из таких людей я любил больше других Бориса Белова, инженера, только что кончившего технологический институт. Он отличался тем, что никогда серьезно не разговаривал, и когда кадет Володя, у которого был прекрасный голос (он приехал в отпуск из какого-то партизанского отряда, и Белов говорил о нем, представляя его кому-нибудь: — Владимир, певец и партизан), пел в гостиной Ворониных романс «Тишина» и доходил до того места, где луна выплывает из-за лип, Белов за его спиной изображал плывущую луну, размахивая руками и отдуваясь, как человек, попавший в воду. Как только Володя кончал петь, Белов говорил:

— Плачу крупную сумму за неопровержимое доказательство того, что луна действительно плавает и что липы делаются из кружева. — И художник Северный, находившийся тут же, замечал с печальной улыбкой:

— А вы все шутите... — так как сам он никогда не шутил, потому что был к этому не способен и из-за этого недолюбливал шутников; он был всегда и неизменно грустен. — Непобедимый человек, — сказал про него Белов, — и чемпион меланхолии. Но самое удивительное в нем то, что нет на земле другого мужчины, который обладал бы таким невероятным аппетитом. — Северный, ну, почему вы все время грустите? — спрашивала его какая-нибудь барышня. И Северный, с ожесточением улыбаясь и рассеянно глядя перед собой, отвечал: — Трудно сказать... — Но великолепную паузу, следовавшую за этой фразой, прерывал Белов, декламировавший: кому повею печаль мою? При этом Белов оказался не только шутником; однажды, когда я пришел к нему невзначай, я услышал, приближаясь к его дому, как кто-то играл на скрипке серенаду Тозелли, и увидел, что играет сам Белов. — Как, вы играете на скрипке? — изумился я. Он сказал просто, не шутя и не смеясь, как обычно:

— Нет ничего в мире лучше музыки.

И затем прибавил:

— И обидно не обладать никакими талантами.

Потом он сейчас же спохватился и, повторив фразу о том, что нет ничего лучше музыки, — но уже другим, всегдашним, своим тоном сказал: — Разве, пожалуй, дыни?.. — И сделал вид, что задумался. Но я уже знал то, что он считал нужным скрывать (он, вышучивавший всех, пуще всего боялся насмешек), — и после этого Белов стал относиться ко мне более сдержанно, чем раньше.

Художник Северный был человеком очень ограниченным. Он обыкновенно молчал, но зато если принимался разговаривать, то непременно говорил глупости. Он был очень доволен своими картинами, своей наружностью и успехом у женщин. — Вы знаете, — рассказывал он, — ведь я недурен собой. Вот, выхожу на днях из театра, ко мне нервно подбегает одна известная артистка и говорит: кто вы такой? Как ваша фамилия? Вы слышите? Я вас жду у себя сейчас... Что мне было делать? Я печально улыбнулся (он так и сказал: я печально улыбнулся) и ответил: моя дорогая, я не люблю артисток. Она закусила губу до крови, ударила себя веером по подбородку и, резко повернувшись, ушла. Я пожал плечами. — Я запишу этот рассказ, — сказал Белов. — Так, вы говорите, закусывала губы и резко поворачивалась, не считая ударов веера, которые она наносила себе по подбородку? А вы печально улыбались? — Северный ничего не ответил и стал говорить о своем ателье. Его ателье было, кстати сказать, маленькой аккуратной комнатой с симметрично развешенными картинами. Белова, который как-то туда пришел, поразила нарисованная птичья голова, держащая в клюве какой-то темный кусок, отдаленно напоминавший обломок железа. Под картиной было написано: этюд лебедя. Белов недоверчиво спросил: это этюд? — Этюд, — твердо сказал Северный. — А что такое этюд? — Видите ли, — ответил Северный, подумав, — это такое французское слово. — И он посмотрел вокруг себя, и взгляд его остановился на Смирнове, его ближайшем товарище и поклоннике его таланта. Смирнов кивком головы подтвердил слова Северного.

Смирнов ничего не понимал в живописи, как не понимал ничего, выходящего за пределы его знаний, весьма скромных. Он учился в той же гимназии, что и я, но был тремя классами старше и во времена своей дружбы с Северным числился студентом местного университета. Он всегда носил с собой революционные брошюры, прокламации и готовый запас мыслей о кооперации и коллективизме; но он знал все эти вопросы только по популяризаторским книгам, а в истории социализма был слаб и не имел представления ни о сектантстве Сен-Симона, ни о банкротстве Оуэна, ни о сумасшедшем бухгалтере, прожлавшем всю жизнь великодушного чудака, который пожелал бы ему дать миллион с тем, чтобы потом устроить при помощи этих денег счастье сначала во Франции, потом на всем земном шаре. Я спрашивал Смирнова:

— Тебе не надоели эти брошюры?

— Они помогут нам освободить народ. — Я не стал ему возражать; но в разговор вмешался Белов. — Вы твердо уверены, что народ без вас не обойдется? — спросил он. — Если все будут так рассуждать, мы никогда не станем сознательной нацией, — ответил Смирнов. — Смотрите, — обратился ко мне Белов, — до чего довели этого симпатичного человека брошюры. Никогда нигде не существовало сознательных наций. Почему вдруг при помощи безграмотных книжонок мы все станем сознательными? И Смирнов нам будет читать об эволюции теории ценности, а Марфа, наша кухарка, жена чрезвычайных добродетелей, об эпохе раннего Ренессанса? Смирнов, предложите эти брошюры Северному. Скажите ему, что это этюды. — Но тут оказалось, что Северный давно уже коммунист и член партии. Белов очень обрадовался этому, пожимал Северному руку и говорил:

— Ну, голубчик, поздравляю. А я думал, что это он этюды все рисует?

Смирнов, говоривший всегда странным и напыщенным, специально агитационным языком, заметил:

— Ваша пустая ирония, товарищ Белов, может оттолкнуть от наших рядов ценных работников.

— Это не человек, — убежденно сказал Белов, обращаясь ко мне и к Северному. — Нет. Это газета. И даже не газета, а передовая статья. Вы передовая статья, вы понимаете?

— Я понимаю, может быть, больше, чем вы думаете.

— Какие глаголы! — насмешливо сказал Белов. — Понимать, думать. Кооперативная идеология не приемлет таких вещей.

Но насмешки Белова не могли подействовать ни на Северного, ни на Смирнова, так как, помимо того, что они были глупы, они еще находились во власти господствовавшей тогда моды на политические разговоры и социально-экономические рассуждения. Меня эта мода оставляла равнодушным; я интересовался только такими отвлеченными идеями, которые могли бы мне быть близки и имели бы для меня дорогое и важное значение; я мог часами сидеть над книгой Бёме, но читать труды о кооперации не мог. И время разговоров на политические темы — Россия и революция — мне представлялось странным, но смысл его, вернее, его движение казалось мне совершенно иным. Я вспоминал о нем, как и обо всем другом, чаще всего ночью: горела лампа над моим столом, за окном было холодно и темно; и я жил точно на далеком острове; и сейчас же за окном и за стеной теснились призраки, входившие в комнату, как только я думал о них. Тогда, в России, был холоден воздух, был глубок снег, чернели дома, играла музыка и все текло передо мной — и все было неправдоподобным, все медленно шло и останавливалось — и вдруг снова принималось двигаться; одна картина набегала на другую — словно ветер подул на пламя свечи и по стене запрыгали дрожащие тени, внезапно вызванные сюда Бог весть какой силой, Бог весть почему прилетевшие, как черные немые видения моих снов. Л когда мои глаза уставали, я закрывал их, и перед моим взглядом как бы захлопывалась дверь; и вот из темноты и глубины рождался подземный шум, которому я внимал, не видя его, не понимая его смысла, стараясь постигнуть и запомнить его. Я слышал в нем и шорох песка, и гул трясущейся земли, и плачущий, ныряющий звук чьего-то стремительного полета, и мотивы гармоник и шарманки; и, наконец, ясно доходил до меня голос хромого солдата:

Горел-шумел пожар московский...

И тогда я вновь открывал глаза и видел дым и красное пламя, озарявшее холодные зимние улицы. Тогда вообще было чрезвычайно холодно: и в гимназии, например, — я был в шестом классе, — мы сидели, не снимая пальто, и преподаватели ходили в шубах. Им очень редко платили жалованье — и все же они всегда аккуратно являлись на уроки.

Было несколько предметов, по которым некому было преподавать, образовывались свободные часы — и мы пользовались этой свободой, чтобы распевать всем классом каторжные песни, которым нас учил Перенко, высокий малый, лет восемнадцати, живший на неспокойной окраине города, росший среди будущих воров и, может быть, убийц. Он носил с собой финский нож, говорил всегда воровскими словечками, как-то особенно щелкал языком и плевал сквозь зубы. Он был прекрасным товарищем и плохим учеником — не потому, однако, что не обладал никакими способностями, а по другой причине: родители его были люди простые. Никто в семье не мог ему помочь в его занятиях. В маленькой квартире, прилегавшей к столярной мастерской, которую держал его отец, никто не знал ни Столетней войны, ни войны Алой и Белой розы, и все эти названия, и иностранные слова, и запутанные события новой истории, точно так же, как законы теплоты и отрывки из французских и немецких классиков, — все это было настолько чуждо Перенке, что он не мог этого ни понять, ни запомнить, ни, наконец, почувствовать, что это имеет какой-то смысл, который был бы хоть в незначительной степени для чего-нибудь пригоден. Перенко мог бы заинтересоваться этим, если бы духовные его потребности не нашли другого применения. Но, как большинство людей такого типа, он был очень сентиментален; и каторжные свои песни он пел чуть ли не со слезами на глазах: они заменяли ему те душевные волнения, которые вызывают книги, музыка и театр — и потребность которых была у него, пожалуй, сильнее, чем у его более образованных товарищей. Большинство преподавателей этого не знали и считали Перенку просто хулиганом; и только учитель русского языка относился к нему с особенной серьезностью и вниманием и никогда не смеялся над его невежественностью, за что Перенко сердечно его любил и отличал от других.

Этот учитель казался нам странным человеком — потому, что на своих уроках говорил не о тех вещах, к которым мы привыкли и которым я учился пять лет в гимназии, до тех пор, пока не перевелся в другую — именно в ту, где преподавал Василий Николаевич; его звали Василий Николаевич. — Вот я назвал вам имя Льва Толстого, — говорил он. — А ведь в народе о нем совсем особенное было представление. Моя мать, например, которая была совсем простой женщиной, швеей, как-то хотела идти к Толстому после смерти моего отца, советоваться с ним: что ей делать дальше; положение было плохое, она была очень бедная. А к Толстому хотела идти потому, что считала его последним угодником и мудрецом на земле. У нас с вами другие взгляды, а мать моя была проще и, наверное, психологии Анны Карениной, и князя Андрея, и уж особенно графини Безуховой, Элен, не поняла бы; мысли у нее были несложные, зато более сильные и искренние; а это, господа, большое счастье. — Потом он заговорил о Тредьяковском, объяснил разницу между силлабическим и тоническим стихосложением и в заключение сказал:

— Тредьяковский был несчастный человек, жил в жестокое время. Положение его было унизительное; представьте себе, при тогдашней грубости придворных нравов, эту роль — нечто среднее между шутом и поэтом. Державин был много счастливее его.

Сам Василий Николаевич напоминал раскольничьего святого — в седой бородке, в простых железных очках; говорил он скоро, тем северорусским языком, который звучит на Украине так неожиданно. Одевался он очень плохо и бедно; и не знающий его человек, увидя его на улице, никогда бы не подумал, что этот старичок может быть прекрасным и образованным педагогом. В нем было что-то подвижническое: я вспоминал его хмурые седые брови и покрасневшие глаза, глядящие сквозь очки; его искренность, мужество и простоту: он не скрывал ни своих убеждений, которые могли показаться чересчур левыми при гетмане и слишком правыми при большевиках, ни того, что его мать была швеей, — а в этом редко кто признался бы. Мы учили тогда протопопа Аввакума, и Василий Николаевич читал нам длинные отрывки:

«...Егда же рассветало в день недельный, посадили меня на телегу и растянули руки, и везли от патриархова двора до Андроньева монастыря, и тут на чепи кинули в темную полатку, ушла в землю, и сидел три дни, ни ел, ни пил; во тме сидя, кланялся на чепи, не знаю — на восток, не знаю — на запад. Никто ко мне не приходил, токмо мыши и тараканы, и сверчки кричат, и блох довольно. Бысть же я в третий день приалчен, — сиречь, есть захотел, — и после вечерни ста предо мною не вем — ангел, не вем — человек, и по се время не знаю, токмо в потемках молитву сотворил, и, взяв меня за плечо, с чепью к лавке привел и посадил, и лошку в руки дал, и хлебца немношко, и штец дал похлебать, — зело привкусны, хороши! — и рекл мне: «полно, довлеет ти ко укреплению». Да и не стало его... Отдали чернцу под начал, велели волочить в церковь. У церкви за волосы дерут, и под бока толкают, и за чепь трогают, и в глаза плюют. Бог их простит в сий век и в будущий: не их дело, но сатаны лукаваго».

«Таже ин начальник, во ино время, на мя рассвирепел, — прибежал ко мне в дом, бив меня, и у руки огрыз персты, яко пес, зубами. И егда наполнилась гортань его крови, тогда руку мою испустил из зубов своих и, покиня меня, пошел в дом свой. Аз же, поблагодаря Бога, завертев руку платом, пошел к вечерне. И егда шел путем, наскочил на меня он же паки со двема малыми пищальми, и близ меня быв, запалил из пистоли, и, Божиею волею, на полке порох пыхнул, а пищаль не стреляла. Он же бросил ея на землю, и из другия паки запалил так же, и Божия воля учинила так же, — и та пищаль не стрелила. Аз же прилежно, идучи, молюсь Богу, одиною рукою осенил его и поклонился ему. Он меня лает; а я ему рекл: «благодать во устнех твоих, Иван Родионович, да будет!» Сердитовал на меня за церковную службу: ему хочется скоро, а я пою по уставу, не борзо; так ему было досадно. Посем двор у меня отнял, а меня выбил, всего ограбя, и на дорогу денег не дал».

Он читал очень хорошо; и мой товарищ, Щур, один из самых способных и умных, каких мне приходилось встречать, говорил мне: — Ты знаешь, Василий Николаевич сам похож на протопопа Аввакума; такие вот люди и шли на костер.

— Кто из вас не знает легенды о плясуне Богоматери? — спросил однажды Василий Николаевич. Легенду эту знал только один человек в классе: это был еврей с нежным детским лицом, по фамилии Розенберг; он был такой маленький, что на вид ему можно было дать двенадцать или одиннадцать лет, а на самом деле ему уже исполнилось шестнадцать. По утрам гимназистки восьмого класса, встречая его на улице, кричали ему: мальчик, мальчик, беги скорей, опоздаешь! — и Розенберг обижался до слез. Он был гораздо умнее и развитее, чем можно было ожидать в его возрасте: он очень много читал и помнил и нередко знал странные вещи, прочитанные им когда-то в большом календаре и оставшиеся в его памяти: способы удобрения в Мексике, религиозные суеверия полинезийцев и анекдоты, относящиеся ко временам зарождения английского парламентаризма. И этот Розенберг знал легенду о плясуне Богоматери — потому, говорил он, вызванный на объяснения Василием Николаевичем, что кто же ее не знает? Но все-таки большинство учеников никогда не слыхали об этой легенде; и Василий Николаевич рассказал нам ее: все слушали внимательно, и Перенко, разглядывавший перед тем свой финский нож, так и остался сидеть, не отводя глаз от белого металла и глубоко задумавшись. Дня через два Василий Николаевич советовал нам прочесть то начало позднейшей биографии Толстого, где говорится о муравейных братьях, — и о муравейных братьях ничего не знал даже Розенберг. В тот же день на меня обиделся новый священник, только что прибывший в гимназию, носивший шелковую рясу и лакированные ботинки. Он вошел в первый раз в класс,

79

перекрестился с особой, как мне показалось, кокетливостью, осмотрел учеников и сказал:

— Господа, теперь такое время, когда Закон Божий и история церкви, кажется, не в моде. — Он покачал головой, скривил губы и иронически хихикнул несколько раз. — Может быть, среди вас есть атеисты, не желающие присутствовать на моих уроках? Тогда, — он насмешливо улыбнулся и развел руками, — пусть они встанут и уйдут из класса. — Дойдя до слов «уйдут из класса», он стал серьезен и строг, как бы подчеркивая, что теперь с насмешкой над невежественными атеистами покончено и что, конечно, никто об уходе из класса не подумает. Этот человек был пропитан гордостью и никогда не упускал случая напомнить, что религия теперь гонима и что подчас от служителей ее требуется незаурядное мужество, — как это бывало во времена начала христианства, — и он приводил священные цитаты, причем постоянно ошибался в текстах и заставлял святого Иоанна произносить слова, принадлежащие чуть ли не Фоме Аквинскому; я думаю, впрочем, что это не имело в его глазах большого значения: он защищал не догматическую религию, в которой был нетверд, а нечто другое. И это другое выражалось в том, что он привык к положению «гонимаго» и мало-помалу так сжился с ним, что если бы религия вновь вошла в почет, то ему решительно нечего было бы делать и стало бы, наверное, очень трудно и скучно.

Я встал и вышел из класса. Он провожал меня глазами и сказал: — Помните место в богослужении: «Оглашенные, изыдите!»? — Через неделю Василий Николаевич спросил меня: — Вы, Соседов, в Бога верите? — Нет, — отвечал я, — а вы, Василий Николаевич? — Я очень верующий человек. Кто может до конца веровать, тот счастлив.

Вообще слова, которые он употреблял чаще всего, были «счастливый» и «несчастный». Он принадлежал к числу тех непримиримых русских людей, которые видят смысл жизни в искании истины, даже если убеждаются, что истины в том смысле, в котором они ее понимают, нет и быть не может. Преподавание русского языка всегда было связано у него с замечаниями о других вещах, нередко не имевших непосредственного отношения к его предмету, с рассуждениями о современности, религии, истории; и во всем этом он обнаруживал удивительные познания. Вдруг выяснялось, что он был за границей, долго жил в Швейцарии, Англии, Франции, хорошо знал иностранные языки, и ко всему, что он видел там, он отнесся со вниманием: он все искал свою истину — везде, где только ни был. Я часто потом думал: найдет ли он ее, хватит ли у него мужества обмануть себя — и умрет ли он спокойно? И мне казалось, что даже если бы ему почудилось, что он ее нашел, он, наверное, поспешил бы отречься от нее — и снова искать: и, может быть, его истина не носила в себе наивной мысли о возможности обретения того, чем мы никогда не обладали; и, уж наверное, она не заключалась в мечте о спокойствии и тишине, потому что умственное бездействие, на которое это обрекло бы его, было бы для него позором и мучением. Василий Николаевич был одним из тех преподавателей, которых я любил за все время моего пребывания в разных учебных заведениях. Все остальные были людьми ограниченными, заботились только о своей карьере и на преподавание смотрели как на службу. Хуже других были священники — самые тупые и невежественные педагоги. Только первый мой законоучитель, академик и философ, казался мне человеком почти замечательным, хотя и фанатиком. Он не был педантом: в пятом классе, когда я подолгу расспрашивал его об атеистическом смысле «Великого Инквизитора» и о «Жизни Иисуса» Ренана, — тогда я читал «Братьев Карамазовых» и Ренана, а курса не учил и не знал ни катехизиса, ни истории церкви, и он целый год не вызывал меня к ответу, — в последней четверти, однажды, поманив меня к себе пальцем, он тихо сказал:

— Ты думаешь, Коля, — он называл всех на ты и по именам, так как преподавал у нас с первого класса, — что я не имею никакого представления о твоих познаниях в катехизисе? Я, миленький, все знаю. Но я все-таки ставлю тебе пять, потому что ты хоть немного религией интересуешься. Ступай. — Когда он произносил свои проповеди, на глазах у него стояли слезы; в Бога, впрочем, он, кажется, не верил. Он напоминал мне Великого Инквизитора в миниатюре: он был непобедим в диалектических вопросах и вообще был бы более хорош как католик, чем как православный. И у него был прекрасный голос — сильный и умный, — потому что мне неоднократно приходилось замечать, что голос человека, так же, как его лицо, может быть умным и глупым, талантливым и бездарным, благородным и подлым. Его убили спустя несколько лет, во время гражданской войны, где-то на юге — и известие о его смерти мне было тем более тягостно, что я вообще не любил священников и, следовательно, поступал нехорошо по отношению к этому человеку, которого теперь уже нет в живых.

Я не знал, собственно, почему я питал неприязнь к людям духовного звания; пожалуй, в силу какого-то убеждения, что они стоят на более низкой социальной ступени, чем все остальные, — они и еще полицейские. Им нельзя было подавать руку, нельзя было приглашать их к столу; и я помнил длинную фигуру околоточного, приходившего ежемесячно получать взятку, — Бог знает за что, — терпеливо ожидавшего в передней, пока горничная не выносила ему денег, после чего он молодцевато кашлял и уходил, звеня огромными шпорами на лакированных сапогах с чрезвычайно короткими голенищами, какие носили только околоточные да еще почему-то регенты церковных хоров. С взятками же священникам мне пришлось столкнуться однажды, когда я учился в третьем классе, заболел за две недели до Пасхи и не говел в гимназической церкви; и отец Иоанн сказал мне, что необходимо осенью принести в гимназию свидетельство о говении, иначе меня не переведут и оставят на второй год. То лето я проводил, как почти всегда, в

Кисловодске. Дядя мой, Виталий, скептик и романтик, оставшийся навеки драгунским ротмистром за то, что вызвал на дуэль командира полка, а в ответ на его отказ драться дал ему пощечину в офицерском собрании и сидел потом пять лет в крепости, откуда вышел очень изменившимся человеком и где он приобрел удивительную и вовсе уж для офицера необыкновенную эрудицию в вопросах искусства, философии и социальных наук, и затем продолжал служить в том же полку, но не продвигался в чинах, — дядя мой сказал мне:

— Возьми, Коля, десять рублей и пойди к этому долгогривому идиоту. Попроси у него свидетельство о говении. В церковь тебе нечего ходить, лоботрясничать. Просто дай ему деньги и возьми у него свидетельство.

Дядя Виталий всегда всех ругал и всем был недоволен, хотя в личном обращении и отношении к людям был, в общем, добр и снисходителен, и когда тетка собиралась наказывать своего восьмилетнего сына, он брал его под защиту и говорил: — Оставь ты его в покое, он не понимает, что он сделал. Не забывай, что этот ребенок поразительно глуп; и если ты его высечешь, он умнее не станет. Кроме того, бить детей вообще нельзя, и этого не знают только такие невежественные женщины, как ты. — Почти каждую свою речь дядя начинал словами:

— Эти идиоты...

— Мне священник не выдаст свидетельства так просто, — сказал я, — ведь я должен сначала говеть.

— Это все глупости. Заплати ему десять рублей, и больше ничего. Делай так, как я тебе говорю.

Я пошел к священнику. Он жил в маленькой квартире с двумя креслами ярко-желтого цвета и портретами архиереев на стенах. В ответ на мою просьбу о свидетельстве он сказал:

— Сын мой, — меня покоробило это обращение, — приходите

в церковь, сперва исповедуйтесь, потом причаститесь, потом можно будет через недельку и свидетельство выдать.

— А сейчас нельзя?

— Нет.

— Я бы хотел сейчас, батюшка.

— Нельзя сейчас, — сказал священник, начиная сердиться на мою непонятливость. Тогда я вынул десять рублей и положил их на стол, а на священника не посмотрел, потому что мне было стыдно. Он взял деньги, засунул их в карман, отбросив полу рясы и обнаружив под ней узкие черные штаны со штрипками, и позвал: — Отец дьякон! — Из соседней комнаты вышел дьякон, жуя что-то; лицо его было покрыто потом от сильной жары, и так как он был очень толст, то пот буквально струился с него; и на его бровях висели светлые капельки.

— Выдайте этому молодому человеку свидетельство о говении.

Дьякон кивнул головой и тотчас написал мне свидетельство — особенным квадратным почерком, довольно красивым.

— Что я тебе сказал? — буркнул дядя. — Я, брат, их знаю...

Тетка ему заметила:

— Ты бы хоть мальчику таких вещей не говорил.

И он отвечал:

— Этот мальчик, как и всякий другой мальчик, понимает нисколько не меньше тебя. Я, матушка, это прекрасно знаю. Уж если ты меня начнешь учить, то мне только повеситься останется.

Вечерами Виталий сидел на террасе дома, погруженный в задумчивость. — Почему ты так долго сидишь на террасе? — спрашивал я. — Я погружаюсь в задумчивость, — отвечал

Виталий и придавал этому выражению такой оттенок, точно он действительно погружался в задумчивость — как в воду или в ванну. Изредка он разговаривал со мной:

— Ты в каком классе?

— В четвертом.

— Что же ты теперь учишь?

— Разные предметы.

— Глупости тебе все преподают. Что ты знаешь о Петре Великом и Екатерине? Ну-ка, расскажи.

Я ему рассказывал. Я ждал, что после того, как я кончу говорить, он скажет:

— Эти идиоты...

И он действительно так и говорил:

— Эти идиоты тебе преподают неправду.

— Почему неправду?

— Потому что они идиоты, — уверенно сказал Виталий. — Они думают, что если у тебя будет ложное представление о русской истории как смене добродетельных и умных монархов, то это хорошо. В самом же деле ты изучаешь какую-то сусальную мифологию, которой они заменяют историческую действительность. И в результате ты окажешься в дураках. Впрочем, ты все равно окажешься в дураках, даже если будешь знать настоящую историю.

— Непременно окажусь в дураках?

— Непременно окажешься. Все оказываются.

— А вот ты, например?

— Ты говоришь дерзости, — совершенно спокойно ответил он.
— Таких вопросов нельзя задавать старшим. Но если ты хочешь знать, то и я сижу в дураках, хотя предпочел бы быть в другом положении.

— А что же делать?

— Быть негодяем, — резко сказал он и отвернулся.

Он был несчастен в браке, жил почти отдельно от

семьи и хорошо знал, что его жена, московская дама, очень красивая, была ему неверна; он был намного старше ее. Я приезжал в Кисловодск каждое лето и всегда заставал там Виталия — до тех пор, пока меня не отделили от Кавказа движения различных большевистских и антибольшевистских войск, происходившие на Дону и на Кубани. И только за год до моего отъезда из России, во время гражданской войны, я опять приехал туда и снова увидел на террасе нашей дачи согнувшуюся в кресле фигуру Виталия. Он состарился за это время, поседел, лицо его стало еще более мрачным, чем раньше. — Я встретил в парке Александру Павловну (это была его жена), — сказал я ему, здороваясь. — У нее прекрасный вид. — Виталий хмуро на меня посмотрел.

— Ты помнишь пушкинские эпиграммы?

— Помню.

Он процитировал:

> Тебе подобной в мире нет.
> Весь свет твердит, и я с ним тоже:
> Другой, что год, то больше лет,
> А ты, что год, то все моложе.

— У тебя очень недовольное выражение, Виталий.

— Что делать? Я, брат, старый пессимист. Ты, говорят, хочешь поступить в армию?

— Да.

— Глупо делаешь.

— Почему?

Я думал, что он скажет «эти идиоты». Но он этого не сказал. Он только опустил голову и проговорил:

— Потому что добровольцы проиграют войну.

Мысль о том, проиграют или выиграют войну добровольцы, меня не очень интересовала. Я хотел знать, что такое война, это было все тем же стремлением к новому и неизвестному. Я поступал в белую армию потому, что находился на ее территории, потому, что так было принято; и если бы в те времена Кисловодск был занят красными войсками, я поступил бы, наверное, в красную армию. Но меня удивило, что Виталий, старый офицер, относится к этому с таким неодобрением. Я не вполне понимал тогда, что Виталий был слишком для этого умен и вовсе не придавал своему офицерскому чину того значения, какое ему обычно придавалось. Но все же я спросил его, почему он так думает. Равнодушно поглядев на меня, он сказал, что они, то есть те, в чьих руках находится командование антиправительственными войсками, не знают законов социальных отношений. — Там, — сказал он, оживляясь, — там вся северная голодная Россия. Там, брат, идет мужик. Знаешь ли ты, что Россия крестьянская страна, или тебя не учили этому в твоей истории? — Знаю, — ответил я. Тогда Виталий продолжал: — Россия, — говорил он, — вступает в полосу крестьянского этапа истории, сила в мужике, а мужик служит в красной армии. — У белых, по презрительному замечанию Виталия, не было даже военного романтизма, который мог бы показаться привлекательным; белая армия — это армия мещанская и полуинтеллигентская — В ней служат кокаинисты, сумасшедшие, кавалерийские офицеры, жеманные, как кокотки, — резко говорил Виталий, — неудачные карьеристы и фельдфебели в генеральских чинах.

87

— Ты все всегда ругаешь, — заметил я. — Александра Павловна говорит, что это твоя profession de foi[27].

— Александра Павловна, Александра Павловна, — с неожиданным раздражением сказал Виталий. — Profession de foi. Какая глупость! Двадцать пять лет, со всех сторон и почти ежедневно, я слышу это бессмысленное возражение: ты все ругаешь. Да ведь я думаю о чем-нибудь или нет? Я тебе излагаю причины неизбежности такого исхода войны, а ты мне отвечаешь: ты все ругаешь. Что ты — мужчина или тетя Женя? Я Александру Павловну упрекнул за то, что она все какую-то Лаппо-Нагродскую читает, и она мне тоже сказала, что я все, по обыкновению, ругаю. Нет, не все. Я литературу, слава Богу, знаю лучше и больше люблю, чем моя жена. Если я что-нибудь браню, значит, у меня есть для этого причины. Ты пойми, — сказал Виталий, поднимая голову, — что из всего, что делается в любой области, будь это реформа, реорганизация армии, или попытка ввести новые методы в образование, или живопись, или литература, девять десятых никуда не годится. Так бывает всегда; чем же я виноват, что тетя Женя этого не понимает? — Он помолчал с минуту и потом отрывисто спросил:

— Сколько тебе лет?

— Через два месяца будет шестнадцать.

— И черт несет тебя воевать?

— Да.

— А почему, собственно, ты идешь на войну? — вдруг удивился Виталий. Я не знал, что ему ответить, замялся и, наконец, неуверенно сказал:

— Я думаю, что это все-таки мой долг.

— Я считал тебя умнее, — разочарованно произнес Виталий. —

---

[27] Букв.: исповедание веры (фр.); кредо.

Если бы твой отец был жив, он не обрадовался бы твоим словам.

— Почему?

— Послушай, мой милый мальчик, — сказал Виталий с неожиданной мягкостью. — Постарайся разобраться. Воюют две стороны: красная и белая. Белые пытаются вернуть Россию в то историческое состояние, из которого она только что вышла. Красные ввергают ее в такой хаос, в котором она не была со времен царя Алексея Михайловича. — Конец Смутного времени, — пробормотал я. — Да, конец Смутного времени. Вот тебе и пригодилась гимназия. — И Виталий принялся излагать мне свой взгляд на тогдашние события. Он говорил, что социальные категории — эти слова показались мне неожиданными, я все не мог забыть, что Виталий — офицер драгунского полка, — подобны феноменам, подчиненным законам какой-то нематериальной биологии, и что такое положение если и не всегда непогрешимо, то часто оказывается приложимым к различным социальным явлениям. — Они рождаются, растут и умирают, — говорил Виталий, — и даже не умирают, а отмирают, как отмирают кораллы. Помнишь ли ты, как образуются коралловые острова?

— Помню, — сказал я. — Я помню, как они возникают; и, кроме того, я сейчас вспоминаю их красные изгибы, окруженные белой пеной моря, это очень красиво; я видел такой рисунок в одной из книг моего отца.

— Процесс такого же порядка происходит в истории, — продолжал Виталий. — Одно отмирает, другое зарождается. Так вот, грубо говоря, белые представляют из себя нечто вроде отмирающих кораллов, на трупах которых вырастают новые образования. Красные — это те, что растут.

— Хорошо, допустим, что это так, — сказал я; глаза Виталия вновь приняли обычное насмешливое выражение, — но не кажется ли тебе, что правда на стороне белых?

— Правда? Какая? В том смысле, что они правы, стараясь захватить власть?

— Хотя бы, — сказал я, хотя думал совсем другое.

— Да, конечно. Но красные тоже правы, и зеленые тоже, а если бы были еще оранжевые и фиолетовые, то и те были бы в равной степени правы.

— И, кроме того, фронт уже у Орла, а войска Колчака подходят к Волге.

— Это ничего не значит. Если ты останешься жив после того, как кончится вся эта резня, ты прочтешь в специальных книгах подробное изложение героического поражения белых и позорно-случайной победы красных — если книга будет написана ученым, сочувствующим белым, и героической победы трудовой армии над наемниками буржуазии — если автор будет на стороне красных.

Я ответил, что все-таки пойду воевать за белых, так как они побеждаемые.

— Это гимназический сентиментализм, — терпеливо сказал Виталий. — Ну, хорошо, я скажу тебе то, что думаю. Не то, что можно вывести из анализа сил, направляющих нынешние события, а мое собственное убеждение. Не забывай, что я офицер и консерватор в известном смысле и, помимо всего, человек с почти феодальными представлениями о чести и праве.

— Что же ты думаешь?

Он вздохнул.

— Правда на стороне красных.

Вечером он предложил мне пойти вместе с ним в парк. Мы шагали по красным аллеям, мимо светлой маленькой речонки, вдоль игрушечных гротов, под высокими старыми деревьями. Становилось темно, речка всхлипывала и журчала; и этот тихий шум слит теперь для меня с воспоминанием о медленной ходьбе по песку, об огоньках ресторана, который был виден издали, и о том, что, когда я опускал голову, я замечал свои белые летние брюки и высокие сапоги Виталия. Виталий был более разговорчив, чем обыкновенно, и в его голосе я не слышал обычной иронии. Он говорил серьезно и просто.

— Значит, ты уезжаешь, Николай, — сказал он, когда мы углубились в парк. — Слышишь, как речка шумит? — перебил он себя внезапно. Я прислушался: сквозь ровный шум, который доносился сначала, слух различал несколько разных журчаний, одновременных, но не похожих друг на друга.

— Непонятная вещь, — сказал Виталий. — Почему этот шум так меня волнует? И всегда, уже много лет, как только я слышу его, мне все кажется, что до сих пор я его не слыхал. Но я хотел другое сказать.

— Я слушаю.

— Мы с тобой, наверное, больше не встретимся, — сказал он. — Или тебя убьют, или ты заедешь куда-нибудь к черту на кулички, или, наконец, я, не дождавшись твоего возвращения, умру естественной смертью. Все это в одинаковой степени возможно.

— Почему так мрачно? — спросил я. Я никогда не умел представлять себе события за много времени вперед, я едва успевал воспринимать то, что происходило со мной в данную минуту, и потому все предположения о том, что, может быть, когда-нибудь случится, казались мне вздорными. Виталий говорил мне, что в молодости он был таким же; но пять лет одиночного заключения, питавшие его фантазию только мыслями о будущем, развили ее до необыкновенных размеров. Виталий, обсуждая какое-нибудь событие, которое должно было, по его мнению, скоро случиться, видел сразу многие его стороны, и изощренное его воображение точно предчувствовало ту неуловимую психологическую оболочку и оболочку внешних условий, в каких оно могло бы происходить. Кроме того, его знание людей и причин, побуждающих их поступать таким или иным образом, было несравненно богаче обычного житейского опыта, естественного для человека его возраста; и это давало ему ту, на первый взгляд почти непостижимую, возможность угадывания, которую я наблюдал лишь у редких и все почему-то случайных моих знакомых. Виталий, впрочем, почти не пользовался ею, потому что был презрительно равнодушен к судьбе даже близких своих родственников, — и его доброта и снисходительность объяснялись, — как мне казалось, этим, почти всегда одинаковым и безразличным, отношением ко всем.

— Я очень любил твоего отца, — сказал Виталий, не отвечая на мой вопрос, — хотя он смеялся всегда над тем, что я офицер и кавалерист. Но он был, пожалуй, прав. Я и тебя люблю, — продолжал он. — И вот перед твоим отъездом я хочу сказать тебе одну вещь: обрати на нее внимание.

Я не знал, что Виталий мне хочет сказать, в мое отношение к нему как-то не вмещалась мысль о том, что он может интересоваться мной и советовать мне что бы то ни было: он предпочитал всегда бранить меня за мое непонимание чего-нибудь или за любовь к разговорам на отвлеченные темы, в которых я, по его словам, ничего не смыслил; и однажды он чуть не до слез смеялся, когда я ему сказал, что прочел Штирнера и Кропоткина, а в другой раз он сокрушенно качал головой, узнав о моем пристрастии к искусству Виктора Гюго; он презрительно отозвался об этом, как он выразился, человеке с ухватками пожарного, душой сентиментальной дуры и высокопарностью русского телеграфиста.

— Послушай меня, — говорил между тем Виталий. — Тебе в ближайшем будущем придется увидеть много гадостей.

Посмотришь, как убивают людей, как вешают, как расстреливают. Все это не ново, не важно и даже не очень интересно. Но вот что я тебе советую: никогда не становись убежденным человеком, не делай выводов, не рассуждай и старайся быть как можно более простым. И помни, что самое большое счастье на земле — это думать, что ты хоть что-нибудь понял из окружающей тебя жизни. Ты не поймешь, тебе будет только казаться, что ты понимаешь; а когда вспомнишь об этом через несколько времени, то увидишь, что понимал неправильно. Л еще через год или два убедишься, что и второй раз ошибался. И так без конца. И все-таки это самое главное и самое интересное в жизни.

— Хорошо, — сказал я. — Но какой же смысл в этих постоянных ошибках?..

— Смысл? — удивился Виталий. — Смысла, действительно, нет, да он и не нужен.

— Этого не может быть. Есть закон целесообразности.

— Нет, мой милый, смысл — это фикция, и целесообразность — тоже фикция. Смотри: если ты возьмешь ряд каких-нибудь явлений и станешь их анализировать, ты увидишь, что есть какие-то силы, направляющие их движения; но понятие смысла не будет фигурировать ни в этих силах, ни в этих движениях. Возьми какой-нибудь исторический факт, случившийся в результате долговременной политики и подготовки и имеющий вполне определенную цель. Ты увидишь, что с точки зрения достижения этой цели и только этой цели такой факт не имеет смысла, потому что одновременно с ним и по тем же, казалось бы, причинам произошли другие события, вовсе непредвиденные, и все совершенно изменили.

Он посмотрел на меня; мы шли меж двух рядов деревьев, и было так темно, что я почти не видел его лица.

— Слово «смысл», — продолжал Виталий, — не было бы фикцией только в том случае, если бы мы обладали точным знанием того, что когда мы поступим так-то, то последуют непременно такие, а не иные результаты. Если это не всегда оказывается непогрешимым даже в примитивных, механических науках, при вполне определенных задачах и столь же определенных условиях, то как же ты хочешь, чтобы оно было верным в области социальных отношений, природа которых нам непонятна, или в области индивидуальной психологии, законы которой нам почти неизвестны? Смысла нет, мой милый Коля.

— А смысл жизни?

Виталий вдруг остановился, точно его задержали. Было совсем темно, сквозь листья деревьев едва виднелось небо. Оживленные места парка и город остались далеко внизу; слева синела Романовская гора, покрытая елями. Она казалась мне синей, хотя теперь, в темноте, глаз должен был видеть ее черной, но я привык смотреть на нее днем, когда она действительно синела; и тогда вечером я пользовался моим зрением только для того, чтобы лучше вспомнить контуры горы, а синева ее была уже готова в моем воображении — вопреки законам света и расстояния. Воздух был очень чистый и свежий; и опять, как всегда, в тишине до меня явственнее доносился далекий и протяжный звон, замирающий наверху.

— Смысл жизни? — печально переспросил Виталий, и в его голосе мне послышались слезы, и я не поверил себе; я думал всегда, что они неизвестны этому мужественному и равнодушному человеку.

— У меня был товарищ, который тоже спрашивал меня о смысле жизни, — сказал Виталий, — перед тем как застрелиться. Это был мой очень близкий товарищ, очень хороший товарищ, — сказал, часто повторяя слово «товарищ» и как бы находя какое-то призрачное утешение в том, что это слово теперь, много лет спустя, звучало так же, как раньше, и раздавалось в неподвижном воздухе пустынного парка. — Он был тогда студентом, а я был юнкером. Он все спрашивал: зачем нужна такая ужасная бессмысленность существования, это сознание того, что если я умру стариком и, умирая, буду отвратителен всем, то это хорошо, — к чему это? Зачем до этого доживать? Ведь от смерти мы не уйдем, Виталий, ты понимаешь? Спасения нет. — Нет! — закричал Виталий. — Зачем, — продолжал он, — становиться инженером, или адвокатом, или писателем, или офицером, зачем такие унижения, такой стыд, такая подлость и трусость? — Я говорил ему тогда, что есть возможность существования вне таких вопросов: живи, ешь бифштексы, целуй любовниц, грусти об изменах женщин и будь счастлив. И пусть Бог хранит тебя от мысли о том, зачем ты все это делаешь. Но он не поверил мне, он застрелился. Теперь ты спрашиваешь меня о смысле жизни. Я ничего не могу тебе ответить. Я не знаю.

В тот день мы вернулись домой очень поздно; и когда сонная горничная подала нам на террасу чай, Виталий посмотрел на стакан, поднял его, поглядел сквозь жидкость на электрическую лампочку — и долго смеялся, не говоря ни слова. Потом он пробормотал насмешливо: смысл жизни! — и вдруг нахмурился и потемнел и ушел спать, не пожелав мне спокойной ночи.

Когда, спустя некоторое время, я уезжал из Кисловодска, с тем, чтобы, добравшись до Украины, поступить в армию, Виталий попрощался со мной спокойно и холодно, и в его глазах опять было постоянно-равнодушное выражение, готовое тотчас же перейти в насмешливое. Мне же было жаль покидать его, потому что я его искренне любил, — а окружающие его побаивались и не очень жаловали. — Каменное сердце, — говорила о нем его жена. — Жестокий человек, — говорила тетка. — Для него нет ничего святого, — отзывалась его невестка. Никто из них не знал настоящего Виталия. Уже потом, размышляя об его печальном конце и неудачливой жизни, я жалел, что так бесцельно пропал человек с громадными способностями, с живым и быстрым умом, — и ни один из близких даже не пожалел его. Расставаясь с ним, я знал, что вряд ли мы потом еще встретимся, мне хотелось обнять Виталия и попрощаться с ним, как с близким мне человеком, а не просто знакомым, явившимся на вокзал. Но Виталий держался очень официально; и когда он щелчком пальцев сбросил пушинку со своего рукава, то по этому одному движению я понял, что прощаться так, как я хотел сначала, было бы нелепо и ridicule[28]. Он пожал мне руку, и я уехал. Была поздняя осень, и в холодном воздухе чувствовались печаль и сожаление, характерные для всякого отъезда. Я никогда не мог привыкнуть к этому чувству; всякий отъезд был для меня началом нового существования. Нового существования — и, следовательно, необходимости опять жить ощупью и искать среди новых людей и вещей, окружавших меня, такую более или менее близкую мне среду, где я мог бы обрести прежнее мое спокойствие, нужное для того, чтобы дать простор тем внутренним колебаниям и потрясениям, которые одни сильно занимали меня. Затем мне было еще жаль покидать города, в которых я жил, и людей, с которыми я встречался, — потому что эти города и люди не повторятся в моей жизни; их реальная, простая неподвижность и определенность раз навсегда созданных картин так была не похожа на иные страны, города и людей, живших в моем воображении и мною вызываемых к существованию и движению. Над одними у меня была власть разрушения и создавания, над другими только клубилась моя память, мое бессильное знание; и оно было недостаточным даже для того угадывания, даром которого обладал дядя Виталий. Я видел еще некоторое время его фигуру на перроне; но уже исчезал Кисловодск, и звуки, доносившиеся с его вокзала, тонули в железном шуме поезда; и когда я приехал в тот город, где учился и жил зимой, то увидел, что идет снег, мелькающий в свете фонарей; на улицах кричали лихачи, гремели трамваи, и освещенные окна домов проезжали

---

[28] смешно (фр.).

мимо меня, обходя широкую ватную спину извозчика, который взбрасывал вверх локти рук, державших вожжи, беспорядочными и суетливыми движениями, похожими на дерганье рук и ног игрушечных деревянных паяцев. Я прожил тогда в этом городе неделю перед отправкой моей на фронт; я проводил время в том, что посещал театры и кабаре и многолюдные рестораны с румынскими оркестрами. Накануне того дня, когда я должен был уехать, я встретил Щура, моего гимназического товарища; он очень удивился, увидав меня в военной форме. — Уж не к добровольцам ли ты собрался? — спросил он. И когда я ответил, что к добровольцам, он посмотрел на меня с еще большим изумлением.

— Что ты делаешь, ты с ума сошел? Оставайся здесь, добровольцы отступают, через две недели наши будут в городе.

— Нет, я уж решил ехать.

— Какой ты чудак. Ведь потом ты сам будешь жалеть об этом.

— Нет, я все-таки поеду.

Он крепко пожал мне руку. — Ну, желаю тебе не разочароваться. — Спасибо, я думаю, не придется. — Ты веришь в то, что добровольцы победят? — Нет, совсем не верю, потому и разочаровываться не буду.

Вечером я прощался с матерью. Мой отъезд был для нее ударом. Она просила меня остаться; и нужна была вся жестокость моих шестнадцати лет, чтобы оставить мать одну и идти воевать — без убеждения, без энтузиазма, исключительно из желания вдруг увидеть и понять на войне такие новые вещи, которые, быть может, переродят меня. — Судьба отняла у меня мужа и дочерей, — сказала мне мать, — остался один ты, и ты теперь уезжаешь. — Я ничего не отвечал. — Твой отец, — продолжала мать, — был бы очень огорчен, узнав, что его Николай поступает в армию тех, кого он всю жизнь не любил. — Дядя Виталий мне говорил то же самое, — ответил я. —

Ничего, мама, война скоро кончится, я опять буду дома. — А если мне привезут твой труп? — Нет, я знаю, меня не убьют. — Она стояла у двери в переднюю и молча смотрела на меня, медленно открывая и закрывая глаза, как человек, который приходит в себя после обморока. Я взял в руки чемодан; одна застежка его зацепилась за полу моего пальто, и, видя, что я не могу ее отцепить, мать вдруг улыбнулась: и это было так неожиданно — потому что она редко улыбалась, даже тогда, когда другие смеялись, и, конечно, зацепившаяся пола пальто никогда бы не могла рассмешить ее — и столько в этой улыбке было разных чувств — и сожаления, и сознания невозможности устранить мой отъезд, и мысль об одиночестве, и воспоминание о смерти отца и сестер, и стыд перед подступающими слезами, и любовь ко мне, и вся та долгая жизнь, которая связывала мать со мной от моего рождения до этого дня, что Екатерина Генриховна Воронина, присутствовавшая при нашем прощании, вдруг закрыла лицо руками и заплакала. Когда, наконец, за мной закрылась дверь и я подумал, что, может быть, никогда больше не войду в нее и мать не перекрестит меня, как только что перекрестила, — я хотел вернуться домой и никуда не ехать. Но было слишком поздно, та минута, в которую я мог это сделать, уже прошла; я был уже на улице, — я вышел на улицу, и все, что было до сих пор в моей жизни, осталось позади меня и продолжало существовать без меня; мне уже не оставалось там места — и я точно исчез для самого себя. Много времени спустя я вспомнил еще, что в тот вечер шел снег, засыпая улицы. А через два дня путешествия я был уже в Синельникове, где стоял бронированный поезд «Дым», на который я был принят в качестве солдата артиллерийской команды. Был конец тысяча девятьсот девятнадцатого года; с той зимы я перестал быть гимназистом Соседовым, перешедшим в седьмой класс, перестал читать книги, ходить на лыжах, делать гимнастику, ездить в Кисловодск и видеть Клэр; и все, что я делал до сих пор, стало для меня только видением памяти. Впрочем, и в эту новую жизнь я принес с собой давние мои привычки и странности; и подобно тому, как дома и в гимназии значительные события нередко оставляли меня равнодушным, а мелочи, которым, казалось бы, не следовало придавать значения, были для меня особенно важны, — так и во время гражданской войны бои и убитые и раненые прошли для меня почти бесследно, а запомнились навсегда только некоторые ощущения и мысли, часто очень далекие от обычных мыслей о войне. Самое лучшее мое воспоминание, относящееся к этому времени, заключалось в том, как однажды меня послали на наблюдательный пункт, находившийся на верхушке дерева, в лесу, — и оставили одного, а бронепоезд ушел за несколько верст назад набирать воду. Был сентябрь месяц, зелень уже желтела. Опушку, где был наблюдательный пункт, обстреливали неприятельские батареи, и снаряды пролетали над деревьями с необыкновенным воем и гудением, какого никогда не бывает, если снаряд летит над полем. Дул ветер, верхушка дерева раскачивалась; маленькая белка с быстрыми глазами, что-то жевавшая теми смешными, частыми движениями челюстей, которые свойственны только грызунам, вдруг заметила меня, очень испугалась и мгновенно перепрыгнула на другое дерево, расправив свой желтый пушистый хвост и на секунду повиснув в воздухе. Далеко-далеко стояла батарея, обстреливавшая лес, — и я видел только тусклое красное пламя коротких вспышек, вырывавшихся из орудий при каждом выстреле. Шумели листья от ветра, внизу стрекотал неизвестно откуда взявшийся кузнечик и вдруг умолкал, словно ему зажимали рот ладонью. Было так хорошо и прозрачно, и все звуки доходили до меня так ясно, и в маленьком озере, которое мне было видно сверху, так сверкала и рябилась вода, что я забыл о необходимости следить за вспышками и движением неприятельской кавалерии, о присутствии которой нам сообщила разведка, и о том, что в России происходит гражданская война, а я в этой войне участвую.

На войне мне впервые пришлось столкнуться с такими странными состояниями и поступками людей, которых я, наверное, никогда не увидел бы в других условиях, и прежде всего наблюдать самую ужасную трусость. Она никогда не вызывала, однако, во мне ни малейшего сожаления к тем, кто ее испытывал. Я не понимал, как может плакать от страха двадцатипятилетний солдат, который во время сильного обстрела и после того, как в бронированную площадку, где мы тогда находились, попало три шестидюймовых снаряда, исковеркавших ее железные стены и ранивших несколько человек, — ползал по полу, рыдал, кричал пронзительным голосом: ой, Боже ж мой, ой, мамочка! — и хватал за ноги других, сохранивших спокойствие. Я не понял, почему его страх вдруг передался офицеру, командовавшему площадкой, человеку вообще очень храброму, который закричал механику: полный ход назад! — хотя никакой новой опасности не представлялось и снаряды неприятельской артиллерии продолжали все так же ложиться вокруг бронепоезда. Я не мог бы сказать, что во время боев мне никогда не приходилось испытывать страха, но это было такое чувство, которое легко подчинялось рассудку; и так как в нем не было никакого сладострастия или соблазна, то преодолеть его было нетрудно. Я думал, что, помимо этого, сыграло роль еще и другое обстоятельство: в те времена — так же, как и раньше и потом, — я по-прежнему не владел способностью немедленного реагирования на то, что происходило вокруг меня. Эта способность чрезвычайно редко во мне проявлялась — и только тогда, когда то, что я видел, совпадало с моим внутренним состоянием; но преимущественно то были вещи, в известной степени, неподвижные и вместе с тем непременно отдаленные от меня; и они не должны были возбуждать во мне никакого личного интереса. Это мог быть медленный полет крупной птицы, или чей-то далекий свист, или неожиданный поворот дороги, за которым открывались тростники и болота, или человеческие глаза ручного медведя, или в темноте летней густой ночи вдруг пробуждающий меня крик неизвестного животного. Но во всех случаях, когда дело касалось моей участи или опасностей, мне угрожавших, заметнее всего становилась моя своеобразная глухота, которая образовывалась вследствие все той же неспособности немедленного душевного отклика на то, что со мной случалось. Она отделяла меня от жизни обычных волнений и энтузиазма, характерных для всякой боевой обстановки, которая вызывает душевное смятение. Многих это душевное смятение всецело захватывало — как трусливых, так и храбрых. Но особенно чувствительны были простые люди, крестьяне, сельские рабочие; у них и храбрость, и страх выражались сильнее всего и доходили до равной степени отчаяния — в одних случаях спокойного, в других безумного, — как будто это было одно и то же чувство, только направленное в разные стороны. Те, которые были очень трусливы, боялись смерти потому, что сила их слепой привязанности к жизни была необычайно велика; те, которые не боялись, обладали той же странной жизненной силой — потому что только душевно сильный человек может быть храбрым. Но это загадочное могущество облекалось в разные формы, которые были так не схожи между собой, как жизнь паразитов и тех, на чей счет они кормятся. И потому, что, с одной стороны, все, кого я знал и видел из прежних моих наставников и знакомых, внушали мне всю жизнь презрение к трусости и долг мужества и я никогда в этом не сомневался — и, с другой стороны, в силу недостаточного моего ума, который не мог постигнуть душевного состояния трусов, — и недостаточно богатых чувств, в которых я мог бы найти подобные состояния, — я относился к ним с отвращением, особенно усиливавшимся в тех случаях, когда трусливыми были не солдаты, а офицеры. Я видел, как один из них во время сильного боя, вместо того чтобы командовать пулеметами, забился под груду тулупов, лежавших внутри площадки, заткнул пальцами уши и не вставал до тех пор, пока сражение не кончилось. Другой раз второй офицер пулеметной команды тоже лег на пол, закрыв лицо ладонями; и, хотя была зима и железный пол был очень холоден, — едва не прилипали пальцы, — он пролежал так около двух часов и даже не простудился, — наверное, потому, что сильнейшее действие страха создало ему какой-то мгновенный иммунитет. Третий раз, когда над базой — так назывался поезд, в котором жили солдаты и офицеры, приехавшие с фронта для смены, потому что было две смены — одна на передовых линиях, другая в тылу; они чередовались каждые две недели, — и, кроме этого, вся нестроевая часть, то есть солдаты, работавшие на кухне, офицеры, занимавшие административные и хозяйственные должности, жены офицеров, писаря, интенданты и около двадцати женщин, числившихся прачками, судомойками и уборщицами офицерских вагонов; это были женщины случайные, подобранные на разных станциях и соблазненные комфортом базы, теплыми вагонами, электричеством, чистотой, обильной пищей и жалованьем, которое они получали взамен нетрудных своих обязанностей и требовавшейся от них прежде всего чисто женской благосклонности, — когда над базой, стоявшей, как всегда, на сорок верст в тылу, появился неприятельский аэроплан и начал сбрасывать бомбы, поручик Борщов, фельдфебель бронепоезда, посмотрел на небо, торопливо перекрестился, ахнул и полез на четвереньках под вагон, не стесняясь того, что окружающие видели это. Тогда же из одного вагона выскочил артельщик Михутин, хитрый мужик и вор, никогда не бывавший в бою; он спрыгнул с подножки вагона и, не оглядываясь по сторонам, побежал по полю, достиг водокачки и быстро в ней скрылся. Ни одна из сброшенных бомб в базу не попала, как этого и следовало ожидать; вообще же единственная бомба, причинившая вред, разрушила часть той самой водокачки, на которой сидел Михутин. Его, правда, не ранило, но сильно побило кирпичами: толстое лицо его, с брюзгливым свиным выражением, было в синяках, одежда была выпачкана белой известкой, и, когда он вернулся в таком виде к себе, его подняли на смех, — что, впрочем, его совершенно не устыдило, так как чувство страха было в нем непобедимым. Другой солдат, Тиянов, широкоплечий

102

мужчина, свободно крестившийся двухпудовой гирей, был настолько боязлив, что, выехав впервые на фронт и услыхав отдаленные выстрелы пушек, он спрыгнул с полуторасаженной высоты площадки вниз и хотел бежать обратно, в базу, но не мог из-за вывихнутой ноги; вывиху ноги он очень обрадовался, так как его действительно отправили в тыл. Он же как-то во время обстрела — ему пришлось все-таки ездить на — фронт — упал в обморок и лежал с бледным лицом, не шевелясь; но, когда я случайно взглянул в его сторону, а он этого не ожидал, я увидел, как он быстро открыл глаза, посмотрел вокруг и сейчас же закрыл их. Но, наряду с такими людьми, я знал иных. Полковник Рихтер, командир бронепоезда «Дым», лежал, я помню, на крыше площадки, между двумя рядами гаек, которыми были свинчены отдельные части брони. Неприятельский снаряд, с визгом скользнув по железу, сорвал все скрепы, бывшие слева от полковника; он даже не обернулся, лицо его оставалось неподвижным, и я не заметил решительно никакого усилия, которое он должен был сделать, чтобы сохранить хладнокровие. Старший офицер артиллерийской команды, поручик Осипов, сойдя однажды с площадки, чтобы осмотреть позиции, и выйдя в поле, попал между двух цепей пехотных солдат — с одной стороны лежала цепь красных, с другой — белых. Обе, не зная, кто это такой, — красные приняли его за белого, белые — за красного, — стали по нем стрелять, и мы видели с площадки, как столбики пыли каждую секунду прыгали рядом с его ногами. Он все так же продолжал идти вперед, не обращая на пули никакого внимания; затем вернулся назад: одна пуля слегка оцарапала ему руку. Солдат Филиппенко во время боя пел тихие украинские песни, пытался заводить неторопливый разговор с другими и печально удивлялся, когда в ответ слышал ругательства: он не понимал ни нервного возбуждения, владевшего людьми, ни их страха. — Ты не боишься, Филиппенко? — спрашивал его командир. — А чего бояться? — удивленно говорил Филиппенко. — Боязно ночью на кладбище, вот то боязно. А днем не боязно. — Но одним из самых смелых людей, каких я

103

когда-либо видел, был солдат Данил Живин, которого все звали Данько. Он был добродушный, худой, маленький человек, большой любитель посмеяться и хороший товарищ. Он был в такой степени лишен честолюбия и так был способен забывать о себе для других, что это казалось невероятным. Он пережил множество приключений, служил во всех армиях гражданской войны — у красных, у белых, у Махно, у гетмана Скоропадского, у Петлюры и даже в отряде эсера Саблина, просуществовавшем всего несколько дней. Его служба на бронепоезде была прервана тем, что он попал в плен к Махно — вместе со всей командой, находившейся в тот раз на фронте. У Махно его назначили в особую роту пехотного полка, охранявшую мост через Днепр.

Мост, длиной в версту и три четверти, был занят с одной стороны махновцами, с другой — белыми. На обоих его концах стояли устремленные друг на друга пулеметы. Данько, попавший на сторожевой пост со стороны махновцев, решил вернуться на бронепоезд. Он отослал в землянку подчаска, взял свой пулемет на плечи и пошел по мосту в сторону добровольцев, которые тотчас же открыли ожесточенную стрельбу. Данько, невзирая на это, продолжал двигаться, точно шел не по узкому пространству, пронизываемому десятками пуль в секунду, а по спокойному российскому большаку, ведущему откуда-нибудь из Тулы в Орел. Его подчасок, обеспокоившись такой неожиданной стрельбой, выбежал из землянки и, увидев уходящего Данько, тоже принялся палить в него из второго пулемета. Данько перешел мост, даже не будучи ранен. Его арестовали белые, и какие-то глупые пехотные офицеры — два штабс-капитана — приняли его за шпиона и хотели расстрелять.

Данько разразился страшными ругательствами с упоминанием Господа Бога и апостолов; это бы ему не помогло, если бы с площадки бронепоезда, стоявшего неподалеку, не пошли узнать, в чем дело. И поручик Осипов увидал оборванного Данько, оравшего на пехотных офицеров и хватающегося то за револьвер, то за винтовку. После вмешательства бронепоездного офицера его отпустили, сказав, что такого недисциплинированного солдата они еще не видели. — Я... вашу дисциплину! — закричал Данько. — Как же ты, Данько, не испугался? — спрашивали его уже после того, как он был переодет и накормлен и сидел у печи теплушки, куря папиросу из табака Стам-боли. — Кто не испугался? — ответил Данько. — О, я очень испугался. — В другой раз Данько, отправившийся на разведку, опять угодил в плен, потому что пришел в деревню, занятую красными, вошел в избу, начал балагурить с хозяйкой и поинтересовался тем, есть ли в деревне большевики или, может быть, нету, — за несколько секунд до неожиданного появления трех красноармейцев. Данько не успел даже схватиться за винтовку. Его обезоружили, заперли в сарай, приставили к сараю стражу, и Данько приговорили к высшей мере наказания. И все-таки через три дня, отыскав базу своего бронепоезда, успевшую уехать за шестьдесят верст, Данько явился как ни в чем не бывало. Я присутствовал при его разговоре с командиром. — Ты где был, Данько? — А в плену. — Как же ты попал в плен? — Красные арестовали. — И они тебе ничего не сделали? — Ни, они хотели меня расстрелять. — А ты что? — А я убежал. — Как же тебе удалось? — Убил часового и убежал. — И не поймали тебя? — Ни, — сказал Данько, — я шибко бежал, — и рассмеялся. Мне же мысль о том, что Данько мог убить часового, казалась странно не соответствовавшей его характеру. По-видимому, это было для него просто необходимо; и, конечно, инстинкт самосохранения заглушил в нем возможность размышления — следует ли убивать часового или нет, — и если бы не этот инстинкт, Данько давно не было бы в живых. Он был очень молод и несерьезен, как говорили про него солдаты: он рассмешил однажды всю команду бронепоезда, гоняясь за маленьким белым поросенком, которого он где-то купил; он долго бежал за ним, кричал на него и пытался накрыть его шапкой; он свистел, размахивал руками на бегу, и мы следили за ним до тех пор, пока и он, и поросенок не скрылись с глаз. Вечером он вернулся, ведя за веревку свинью, на которую он ухитрился выменять поросенка. Над ним шутили и говорили, что за время долгой погони Данько поросенок успел вырасти. Данько смеялся, держа в руках шапку и потупившись. Он был веселый, бесконечно добрый и бесконечно отчаянный человек. — Данько, ты поехал бы на северный полюс? — спрашивал я. — А там интересно? — Очень интересно и много белых медведей. — А, ни, — сказал он, — я медведей боюсь. — Почему же ты их боишься? Они тебя к высшей мере не приговорят. — А они укусят, — ответил Данько и засмеялся. Он не мог отвыкнуть говорить мне вы. — Данько, — объяснял я ему, — ты такой же солдат, как и я. Почему ты мне говоришь вы? Ты можешь ведь разговаривать со мной, как с Иваном, — это был его приятель. — Не могу, — отвечал Данько, — совестно. — Этот Иван, умный хохол, спокойный и храбрый солдат, спросил меня как-то:

— Что такое Млечный Путь?

— Почему это вас вдруг заинтересовало?

— А меня солдаты спрашивают: Иван, что там в небе, как молоко? Я говорю: Млечный Путь. А что такое Млечный Путь, не знаю. — Я объяснил ему, как мог. На следующий день он опять подошел ко мне:

— А скажите мне, пожалуйста, чему равняется длина окружности?

— Она определяется специальными математическим терминами, — говорил я. — Не знаю, будут ли они вам понятны. — И я привел ему формулу длины окружности.

— Ага, — подтвердил он с довольным видом. — А я вас нарочно пытал, думал, может, не знаете. Я раньше спросил у вольноопределяющегося Свирского, а потом записал и пришел вас пытать.

Он был прекрасным рассказчиком; и в среде так называемых

интеллигентных людей я не видал никого, кто бы мог с ним сравняться. Он был очень умен и наблюдателен и обладал творческим даром создавать смешное из того, в чем другой не нашел бы его, без которого юмор всегда бывает несколько вял. Я не помнил рассказов Ивана, в которых он проявлял свой удивительный имитаторский талант; и потому, что искусство его было легким и мгновенным, оно трудно поддавалось запечатлению; и теперь я вспоминал лишь то, как он передавал свой разговор с красным генералом, когда в батарею, которой командовал в те времена Иван, прислали плохих лошадей. — Я ему говорю, — рассказывал Иван, — товарищ командир, разве ж то кони? Кони ходят и очень удивляются, что они еще не подохли. А он отвечает: благодарю верховную власть, что не все у меня такие командиры капризные, как те бабы. А я говорю: вот вы, не дай Бог, товарищ командир, помрете, так мы вас на тех конях хоронить будем, чтоб не очень трясло.

Я проводил свое время с солдатами, но они относились ко мне с известной осторожностью, потому что я не понимал очень многих и чрезвычайно, по их мнению, простых вещей — и в то же время они думали, что у меня есть какие-то знания, им, в свою очередь, недоступные. Я не знал слов, которые они употребляли, они смеялись надо мной за то, что я говорил «идти за водой»: за водой пойдешь, не вернешься, — насмешливо замечали они. Кроме того, я не умел разговаривать с крестьянами и вообще в их глазах был каким-то русским иностранцем. Однажды командир площадки сказал мне, чтобы я пошел в деревню и купил свинью. — Должен вас предупредить, — сказал я, — что я свиней никогда не покупал, такого случая в моей жизни еще не было; и если моя покупка окажется не очень удачной, вы уж не будьте в претензии. — Что ж, — ответил он, — ведь свинью покупать — это вам не бином Ньютона какой-нибудь. Мудрость тут невелика. — И я отправился в деревню. Во всех избах, куда я заходил, на меня смотрели с недоверием и усмешкой. — Нет ли у вас свиньи продажной? — спрашивал я. — Кого? — Свиньи. — Ни, свиньи нема. — Я обошел сорок дворов и вернулся на площадку ни с чем. — У меня создалось впечатление, — сказал я офицеру, — что эта разновидность млекопитающих здесь неизвестна. — А у меня создалось впечатление, что вы просто не умеете покупать свиней, — ответил он. Я не стал спорить; и тогда Иван, присутствовавший при этом разговоре, предложил свои услуги. — Идемте со мной, — сказал он мне, — и зараз свинью купим. — Я пожал плечами и опять пошел в деревню. В первой же избе — той самой, где мне сказали, что свиньи нет, — Иван купил за гроши громадного борова. Перед этим он поговорил с хозяевами об урожае, выяснил, что его дядька, живущий в Полтавской губернии, ближайший друг и земляк зятя хозяина, похвалил чистоту избы — хотя изба была довольно грязная, сказал, что в таком хозяйстве не может не быть свиньи, попросил напиться, — и кончилось это тем, что нас накормили до отвала, продали свинью и проводили за ворота. — Вот вам и бином, — сказал я командиру, вернувшись. И всегда бывало так, что там, где мне приходилось иметь дело с крестьянами, у меня ничего не выходило; они даже плохо понимали меня, так как я не умел говорить языком простонародья, хотя искренне этого хотел. На бронепоезде у нас преобладали, однако, люди, уже обтершиеся и получившие известный лоск: железнодорожные служащие, телеграфисты. Солдаты наши очень франтили, носили «вольные» брюки, что считалось вольнодумством, а некоторые унизывали пальцы кольцами и перстнями таких гигантских размеров, что поддельность их ни у кого решительно не вызывала ни малейших сомнений. Самое большое количество драгоценностей носил первый из бронепоездных негодяев, бывший мясник Клименко. Все свободное время он находился в состоянии напряженного внимания: левая рука его не переставала крутить усы, а правую он держал в воздухе, поближе к глазам, чтобы лучше видеть блеск своих колец. О его дурных качествах узнали после того, как он украл у своего соседа деньги, попался и когда командир сказал ему: — Ну, Клименко, выбирай: или я тебя под суд отдам и тебя расстреляют, как собаку, или я выстрою весь бронепоезд и перед фронтом дам тебе несколько раз по физиономии. — Клименко стал на колени и просил, чтобы командир дал ему по физиономии. Клименко сказал: по морде. Это было сделано на следующее утро; и потом у себя в вагоне Клименко часто вспоминал это и говорил: — Я могу только смеяться с дурости командира, — и действительно смеялся. Вторым негодяем считался бывший начальник какой-то маленькой железнодорожной станции Валентин Александрович Воробьев. Как большинство пожилых уже негодяев, он был чрезвычайно благообразен: носил пушистую бороду, которую бережно расчесывал; он был очень любезен в обращении, пел высоким голосом грустные украинские песни — и вместе с тем тип отъявленного мерзавца был доведен в нем до конца. Он мог подвести товарища под суд, мог, как Клименко, обокрасть своего же соседа и, уж конечно, в трудных обстоятельствах выдал бы всех. Когда я приехал на бронепоезд, он в тот же день украл у меня коробку с тысячью папирос. Кажется, этого человека очень любили женщины, он жил со всеми служанками и подметальщицами, которые находились в его подчинении; а когда одна из них отвергла его, он написал на нее донос, обвинив ее в социализме, хотя бедная женщина была неграмотной; и ее арестовали и отправили куда-то по этапу; была зима, женщина эта уехала с двухлетней своей девочкой на руках. Глядя на Воробьева, я часто думал о том, почему женщины нередко отдают предпочтение негодяям: может быть, потому, говорил я себе, что негодяй более индивидуален, чем средний человек; в негодяе есть что-то, чего нет в других, и еще потому, что каждое, или почти каждое, качество, доведенное до последней своей степени, перестает рассматриваться как обыкновенное свойство человека и приобретает притягательную силу исключительности. И так как, несмотря на то, что прежняя моя жизнь кончилась, я еще не совершенно ушел от нее и некоторые гимназические привычки еще оставались у меня, я был еще гимназистом, то мои мысли принимали особый оборот, заранее обрекавший их на бесплодность и несоответствие первоначальным соображениям, которые, таким образом, служили мне только предлогом для возвращения моей фантазии в ее излюбленные места. Женщины любили палачей; и исторические преступления, совершенные сотни лет тому назад, до сих пор не утеряли для них своего волнующего интереса, и почему не предположить, что Воробьев — это миниатюра грандиозных преступлений? Но это было нелепо и не походило ни на что. Воробьев занимался тем, что воровал в соседних товарных составах сахар и мануфактуру, а однажды ухитрился, маневрируя ночью на паровозе, увести из поезда генерала Трясунова, командующего фронтом, новенький желтый вагон второго класса. Но вечерами, лежа на своей койке с побледневшим от пьянства лицом и мутными, печальными глазами, он все сокрушался о том, что волею судеб вынужден принимать участие в гражданской войне.

— Боже мой! — говорил он чуть ли не со слезами. — Какая обстановка! Расстрелянные, повешенные, убитые, замученные. Да я-то тут при чем? Кому я какое зло сделал? За что все это? Господи, мне бы домой; у меня жена, ребятишки маленькие спрашивают: где папа? А папа сидит тут, под виселицами. Что я детям скажу? — кричал он. — Где мое оправдание? Одно вот утешение: приедем в Александровск, приду к жене ночью, неожиданно. Скажу: заждалась, милая? А я вот он.

И действительно, в Александровске Воробьев побывал у жены и вернулся умиротворенным. Но когда мы отъехали верст сорок и простояли на маленькой станции трое суток, он опять загрустил:

— Боже мой, какая обстановка! Расстрелянные, повешенные. За что? — опять кричал он. — Дети спросят: ты где был, папа? Что я им скажу? — Он умолк, вздохнул и потом сказал задумчиво: — Вот приедем в Мелитополь, пойду к жене, снова буду дома. Что, скажу, заждалась, милая? А я вот он.

— А ваша жена уже в Мелитополе? — спросил я. Он поглядел

на меня невидящими, пьяными глазами, в которых стояло выражение умиления и благодарности.

— Да, милый друг, в Мелитополе.

Но, и уехав из Мелитополя, он продолжал мечтать, как приедет к жене на этот раз уже в Джанкой.

— У тебя, брат, жена прямо клад, — говорили ему с насмешкой. — Не жена, а Богородица вездесущая. Как же это она — в Александровске, и в Мелитополе, и в Джанкое? И везде детишки и квартира. Здорово ты устроился.

И тогда Воробьев привел объяснение, которое, по-видимому, казалось ему совершенно достаточным. Всех остальных оно очень удивило.

— Дети, — сказал он, — да ведь я железнодорожник.

— Ну так что же?

— Чудаки, — изумился Воробьев. — Видно, службы железнодорожной не знаете. В каждом городе жена, дорогие, в каждом городе.

Третий негодяй был Парамонов, студент, которого незадолго до моего поступления легко ранили в ногу. Он, собственно, зла никому не причинял; но каждый день часа за два до докторского обхода он втирал себе в рану масло, не давая ей таким образом заживляться; и поэтому он считался раненым бесконечно долго и не ездил на фронт. Все видели и знали, как он поступает, но относились к нему с молчаливым презрением и брезгливостью, и ни у кого не хватало духа сказать ему, что так делать нехорошо. Он всегда бывал один, с ним избегали разговаривать; он сидел обычно в своем углу и, украдкой поглядывая кругом, ел сало и хлеб — он был очень прожорлив. Он жил как одинокое животное, присутствие которого терпят, хотя оно и неприятно. Он был молчалив и враждебен ко всем, и когда проходили мимо его койки, он следил за проходившими настороженным и злым взглядом. Потом его куда-то откомандировали. Я вспомнил о Парамонове через несколько лет, уже за границей, когда видел умирающего филина, привязанного туго замотанной тесемкой к дереву; едва заслышав чьи-нибудь шаги, филин выпрямлялся, перья его топорщились, он медленно взмахивал крыльями и щелкал клювом; и желтые его глаза слепо и злобно смотрели перед собой. Были на поезде вруны, мошенники, был даже один евангелист, который пришел неизвестно откуда, поселился в нашем вагоне и жил безбедно и беззаботно, проповедуя непротивление злу. — Я до этой вашей винтовки никогда не дотрагивался и не дотронусь, — говорил он. — Грех. — А если на тебя нападут? — Словом буду отражать. — Но однажды, когда он принес себе обед — котелок с борщом и котелок с кашей, — а его у него потихоньку стащили, он пришел в ярость, схватил по странной случайности ту винтовку, к которой обещал не прикасаться, и наделал бы много бед, если бы его не обезоружили. Но самым удивительным человеком, которого я видел на войне, был солдат Копчик, внешнее отличие которого заключалось в его непобедимой лени. Он ненавидел всякую работу, все делал с величайшим трудом и вздохами, хотя был совершенно здоров и силен. Солдаты недолюбливали его за постоянное увиливание от нарядов; им приходилось многое за него делать. Он всегда жил, как-то скрываясь, полный боязни перед тем, что его вдруг заставят грузить в вагоны муку, или носить воду, или чистить картофель. Он изредка проходил вдоль базы — и тотчас же его небритый подбородок, слезящиеся глаза и вся фигура в обтрепанном и грязном френче и таких же штанах исчезали, и уже через минуту его с собаками не сыскали бы. На фронт он старался не ездить по той же причине, по какой прятался в базе; там тоже нужно было работать, но если в тылу была еще возможность уклониться от этого, то на площадке, в бою, это становилось немыслимым. Лень этого солдата была в нем неизмеримо сильнее, нежели страх смерти, — потому, что смысла опасности он до конца не понимал, а то, что работа мешала ему жить в праздности и мечтать — что он любил больше всего на свете, — это он знал превосходно. Я не представлял себе такого случая, когда Копчик вдруг мог бы проявить хоть часть своей огромной энергии, уходившей на придумывание способов уклониться от всякого труда и на долгое лежание под вагоном, как он это делал в жаркую летнюю погоду. Я не знал, способен ли Копчик совершить хоть ничтожный поступок, но который бы каким-нибудь образом показал, что он думает, чем он живет и что составляет предмет его долгих размышлений, наполняющих обычное его безделье. И вот однажды на площадке, во время сильного боя, когда Копчик со страданием в глазах вытаскивал снаряды из их гнезд и подавал их к орудию и каждый снаряд сопровождал жалобным вздохом, а после пятого сказал: спина разболелась, тяжелые очень снаряды, — неприятельская граната разорвалась над нашим орудием; раненный в живот наводчик упал на пол, и пушка перестала стрелять.

В мгновенно наступившем замешательстве никто не знал, что делать, и только Копчик, который увидел, что больше ему покамест работать не придется, облегченно вздохнул, похлопал рукой горячую еще пушку и изменившейся, почти подпрыгивающей походкой подошел к раненому Кровь заливала пол, смертельная последняя тревога была на лице раненого. — Ты не помрешь, — сказал ему Копчик среди общего молчания. Вдалеке с равными промежутками времени раздались четыре пушечных выстрела. — Посмотри, какой ты здоровый, — спокойно продолжал он, — кровь у тебя очень красная, а который человек больной, у того она синяя. — Сердце не выдержит, — сказал наводчик. — Сердце? — переспросил Копчик. — Это неправильно. Сердце у тебя крепкое, а если бы было слабое, тогда, конечно, не выдержало бы. Вот я тебе расскажу про слабое сердце. Пошел я раз коней купать, вижу, недалеко сидит водяной, и очень грустный. — Наводчик с усилием посмотрел на Копчика. — А ну-ка, думаю, дай пугну. И пугнул. Как крикну: ты чего, борода, здесь делаешь? Он и помер с испугу, потому что сердце у него слабое, не человеческое, вот какое сердце. А у тебя сердце очень крепкое. — Но, не доехав до базы, наводчик умер; и когда через три дня я, проходя по полотну, увидел из-под вагона свалявшиеся волосы Копчика, у меня стало странно на душе и смутно — и я поскорее от него отвернулся: было в этом солдате что-то нечеловеческое и нехорошее, что я хотел бы не знать. Но мое внимание отвлекла ссора главной кухарки офицерского собрания — помещавшегося в особом пульмановском вагоне — с бронепоездным чистильщиком сапог, пятнадцатилетним красивым мальчишкой Валей, который, будучи любовником этой немолодой и хромой женщины, изменил ей не то с прачкой, не то с судомойкой; она при всех ругала его за это нецензурными словами, и три солдата, стоявшие неподалеку, смеялись от всего сердца. Романы со служанками отнимали у офицеров и наиболее предприимчивых солдат довольно много времени; служанки быстро поняли себе цену и заважничали, и одна из них, крупная ярославская баба Катюша, не хотела знать никого и не внимала никаким уговариваниям до тех пор, пока ей не платили вперед. Бронепоездной рассказчик сальных анекдотов, поручик Дергач, жаловался на нее всем окружающим.

— Нет, господин поручик, — гордо говорила Катюша. — Я теперь задаром ни с кем не сплю. Дайте мне кольцо с вашей руки, я с вами спать буду. — Дергач долго колебался. — Вы понимаете, — рассказывал он, — это кольцо — священный подарок моей невесты, — но любовь, как он говорил, превозмогла, и нет теперь кольца у поручика Дергача, разве что другое купил. Самой недоступной женщиной на бронепоезде была все-таки сестра милосердия, надменная женщина, презрительно относившаяся к солдатам и лишь изредка снисходившая до пренебрежительных разговоров с ними. Я вспоминал, как лежал вечером на своей койке, когда она перевязывала Парамонова, приведя его предварительно в мое купе, где была ярче электрическая лампочка; она подняла голову и увидела мое лицо. — Какой молоденький, — сказала она. — Ты какой губернии? — Питерской, сестрица. — Питерской? Как же ты попал на юг? — А вот, приехал. — Что же ты раньше делал? В разносчиках, что ли, служил? — Нет, сестрица, я учился. — В церковноприходской школе, наверное? — Нет, сестрица, не в школе. — А где же? — В гимназии, — сказал я и, не выдержав, рассмеялся. Она покраснела. — Вы из какого класса? — Из седьмого, уважаемая сестрица. — Потом она обходила меня, как только замечала издали.

Так же, как для того, чтобы совершенно отчетливо вспомнить мою жизнь в кадетском корпусе и ни с чем не сравнимую каменную печаль, которую я оставил в этом высоком здании, мне было достаточно почувствовать вкус котлет, мясного соуса и макарон, так, как только я слышал запах перегоревшего каменного угля, я тотчас представлял себе начало моей службы на бронепоезде, зиму тысяча девятьсот девятнадцатого года, Синельниково, покрытое снегом, трупы махновцев, повешенных на телеграфных столбах, — замерзшие твердые тела, качающиеся на зимнем ветру и ударяющиеся о дерево столбов с тупым легким звуком, — селение, чернеющее за вокзалом, свистки паровозов, звучавшие, как сигналы бедствия, и белые верхушки рельс, непонятных в своей неподвижности. Мне казалось, что они мчатся, вздрагивая на стыках, и точно безмолвно рассказывают о далеком путешествии сквозь снег и черные поселения России, сквозь зиму и войну, в необыкновенные страны, напоминающие гигантские аквариумы, наполненные водой, которой можно дышать, как воздухом, и музыкой, которая колеблет зеленоватую поверхность; и под поверхностью шевелятся длинные стебли растений, за стеклами проплывают на листьях виктории-регии несуществующие животные, которых я не мог себе представить, но присутствие которых не переставал ощущать, когда глядел на рельсы и полузаметные снегом шпалы, похожие на доски кем-то перевернутого бесконечно длинного забора. И пребыванию на бронепоезде я обязан еще одним: чувством постоянного отъезда. База уезжала из одного места в другое, и те предметы, которые постоянно и неподвижно окружали меня: мои книги, костюмы, несколько гравюр, электрическая лампочка над головой, — вдруг начинали двигаться, и я явственнее, чем когда бы то ни было, постигал мысль о движении и повелительную природу этой мысли. Я мог хотеть или не хотеть ехать; но уже покачивалась на ходу лампа, уже подпрыгивали книги на полке, сновал по деревянной стенке подвешенный карабин, и за стеклом кружилась покрытая снегом земля, и свет из окон базы быстро бежал по полю, то подымаясь, то опускаясь, оставляя за собой длинную прямоугольную полосу пространства, дорогу из одних стран в другие. Когда, выходя со станции, поезд ускорял ход, мимо окон пролетали скорченные ноги повешенных в белых кальсонах, которые ветер раздувал, как паруса лодок, застигнутых бурей. Давно прошли те сложнейшие сплетения самых разнообразных и навеки переставших существовать причин, — потому что ничья память не сохранила их, — которые зимой того года заставили меня очутиться на бронепоезде и ехать ночами на юг; но это путешествие все еще продолжается во мне, и, наверное, до самой смерти временами я вновь буду чувствовать себя лежащим на верхней койке моего купе и вновь перед освещенными окнами, разом пересекающими и пространство, и время, замелькают повешенные, уносящиеся под белыми парусами в небытие, опять закружится снег и пойдет скользить, подпрыгивая, эта тень исчезнувшего поезда, пролетающего сквозь долгие годы моей жизни. И, может быть, то, что я всегда недолго жалел о людях и странах, которые покидал, — может быть, это чувство лишь кратковременного сожаления было таким призрачным потому, что все, что я видел и любил, — солдаты, офицеры, женщины, снег и война, — все это уже никогда не оставит меня — до тех пор, пока не наступит время моего последнего, смертельного путешествия, медленного падения в черную глубину, в миллион раз более длительного, чем мое земное существование, такого долгого, что, пока я буду падать, я буду забывать это все, что видел, и помнил, и чувствовал, и любил; и, когда я забуду все, что я любил, тогда я умру. И одним из последних моих спутников я забуду Аркадия Савина. Это был единственный человек, который походил на людей, живших в моем воображении, и чудесная сила в двадцатом столетии сделала его конквистадором, романтиком и певцом, точно вызвав его широкоплечую тень из мрачных пространств средневековья. Он служил вместе с нами и так же, как мы, ездил на фронт, но все, что он делал, было исключительно и необыкновенно. В бою с пехотой Махно, когда на площадке бронепоезда из четырнадцати человек команды остались только двое — остальные были убиты или ранены, — Аркадий, с искривленной контузией челюстью, наступая на труп первого номера, которому оторвало голову — и безглавое тело его еще корчилось, и пальцы его уже не человеческих, отдельных рук еще царапали пол, — Аркадий, пачкая свой френч в человеческих мозгах, долго стрелял один из пушки в сплошную массу махновских солдат, карабкавшихся на насыпь. Его храбрость была не похожа на обычную храбрость: и все поступки Аркадия отличались точностью, невероятной быстротой и уверенностью; и, казалось, сознание своего неизмеримого превосходства над другими не покидало его никогда. Движения его во время опасности были быстры, как движения японского фокусника или акробата: в нем вообще было что-то азиатское, часть того таинственного душевного могущества, которым обладают люди желтой расы и которое непостижимо для белых. Вместе с тем Аркадий был тяжел и широк. Офицеры не могли ему простить тех презрительных усмешек, какими он сопровождал их неудачные распоряжения во время боя. Когда бронепоезд выезжал на фронт и площадки, весившие по нескольку тысяч пудов, неудержимо катились по рельсам, вздрагивая и громыхая, — фигура Аркадия, стоявшего впереди и глядевшего перед собой, — несмотря на то, что в такой позе его не было ничего неожиданного и непривычного,

— казалась мне мрачной статуей на машине войны. Таким он представлялся мне на фронте. В тылу он становился другим.

Он очень любил хорошо одеваться, много пил, уходил всегда в город или селение, возле которого стояла база; и ночью мы просыпались оттого, что слышали раскаты его сильного баритона; он всегда пел, возвращаясь. Он вообще пел очень хорошо; он по-настоящему знал, что такое музыка. С побледневшим лицом, с головой, склоненной на грудь, он просиживал в купе долгие минуты совершенно неподвижно; и потом вдруг глубокий грудной звук наполнял вагон; и через секунду я не видел больше ни стен вагона с развешенными по ним винтовками, ни книг, ни ламп, ни моих товарищей — точно их никогда и не было, и все, что я знал до сих пор, было страшной ошибкой, и ничего не существовало, кроме этого голоса и белого лица Аркадия со смеющимися глазами, хотя он всегда пел только печальные песни. И тогда же я думал, что нет плохих печальных песен и что если в иных плохие слова, то это оттого, что я не сумел их понять, оттого, что, слушая наивную песнь, я не мог всецело отдаться ей и забыть о тех эстетических привычках, которые создало во мне мое воспитание, не учившее меня драгоценному искусству самозабвения. Чаще всего Аркадий пел романс, стихотворная форма которого могла бы в иное время вызвать у меня только улыбку; но если бы я мог заметить недостатки этой формы во время пения Аркадия, я стал бы в тысячу раз несчастнее, чем был. Этого романса я потом нигде и ни от кого не слыхал:

> Я одинок. А время быстро мчится,
> Несутся дни, недели и года.
> А счастье мне во сне лишь только снится,
> Но наяву не вижу никогда.
> Вот скоро-скоро, скоро в море жизни
> Исчезнет мой кочующий челнок.
> Прислушайся к последней укоризне,
> И ты поймешь, как был я одинок.

Прислушайся к последней укоризне,
И ты поймешь, как был я одинок...

Под окнами вагона собирались солдаты, офицеры и бронепоездные женщины. Летом он пел по вечерам, и голос его тонул в далеком и жарком безмолвии темного воздуха. Аркадий пел эту песнь и в те дни, когда уже синели перед нами маленькие озера Сивашей и было последнее отступление: мы уезжали из Таврии; и, стоя у окна, Аркадий все пел о челноке, и поезд гудел, железные колеса его скрежетали и скрывались в тучах колючей пыли; и толстые купола какой-то церкви то скрывались, то вновь возникали перед нами.

Аркадий часто видел сны; и незадолго до этого отступления ему приснилась русалка: она смеялась, и била хвостом, и плыла рядом с ним, прижимаясь к нему своим холодным телом, и чешуя ее ослепительно блестела. Я вспомнил об этом сне Аркадия, когда поздней ночью в Севастополе, на осенних волнах Черного моря увидал моторную лодку, которая быстро шла к громадному английскому крейсеру, стоявшему на рейде; она поднимала за собой сверкающий гребень воды, и мне показалось вдруг, что сквозь эту пену доносится до меня едва слышный смех и нестерпимый блеск проступает через темную синеву.

Целый год бронепоезд ездил по рельсам Таврии и Крыма, как зверь, загнанный облавой и ограниченный кругом охотников. Он менял направления, шел вперед, потом возвращался, затем ехал влево, чтобы через некоторое время опять мчаться назад. На юге перед ним расстилалось море, на севере ему заграждала путь вооруженная Россия. А вокруг вертелись в окнах поля, летом зеленые, зимой белые, но всегда пустынные и враждебные. Бронепоезд побывал всюду, и летом он приехал в Севастополь. Лежали белые известковые дороги, проходившие над морем, глиняные горы громоздились по берегам, летели и стремительно падали в воду маленькие нырки. На забытых пристанях стояли заржавевшие броненосцы, у их глубоко сидящих бортов прыгали морские коньки; черные крабы боком двигались по дну, стеклянные рыбы проплывали, как слепые; и у темных ямок подводной земли неподвижно стояли ленивые бычки. Было очень жарко и тихо; и мне казалось, что в этой солнечной тишине, над синим морем умирает в светлом воздухе какое-то прозрачное божество.

Жизнь того времени представлялась мне проходившей в трех различных странах: стране лета, тишины и известкового зноя Севастополя, в стране зимы, снега и метели и в стране нашей ночной истории, ночных тревог, и боев, и гудков во тьме и холоде. В каждой из этих стран она была иной, и, приезжая в одну из них, мы привозили с собой другие; и холодной ночью, стоя на железном полу бронепоезда, я видел перед собой море и известку; и в Севастополе иногда блеск солнца, отразившийся на невидимом стекле, вдруг переносил меня на север. Но особенно не похожей на все, что я знал до того времени, была страна ночной жизни. Я вспоминал, как ночью над нами медленно проносился печальный, протяжный свист пуль; и то, что пуля летит очень быстро, а звук ее скользит так минорно и неторопливо, делало особенно странным все это невольное оживление воздуха, это беспокойное и неуверенное движение звуков в небе. Иногда из деревни доносился быстрый звон набата; красные облака, до тех пор незримые в темноте, освещались пламенем пожара, и люди выбегали из домов с такой же тревогой, с какой должны выбегать на палубу матросы корабля, давшего течь в открытом море, вдали от берегов. Я часто думал тогда о кораблях, как бы спеша заранее прожить эту жизнь, которая была суждена мне позже, когда мы качались вверх и вниз на пароходе, в Черном море, посредине расстояния между Россией и Босфором.

Было много невероятного в искусственном соединении разных людей, стрелявших из пушек и пулеметов: они двигались по полям южной России, ездили верхом, мчались на поездах, гибли, раздавленные колесами отступающей артиллерии, умирали и шевелились, умирая, и тщетно пытались наполнить большое пространство моря, воздуха и снега каким-то своим, не божественным смыслом. И самые простые солдаты, единственные, которые оставались в этой обстановке прежними Ивановыми и Сидоровыми, созерцателями и бездельниками, — эти люди сильнее, чем все другие, страдали от неправильности и неестественности происходящего и скорее, чем другие, погибали. Так погиб, например, бронепоездной парикмахер Костюченко, молодой солдат, пьяница и мечтатель. Он кричал по ночам, ему все снились пожары, и лошади, и паровозы на зубчатых колесах. Целыми днями, с утра до вечера, он точил свою бритву, покрикивая и смеясь сам с собой. Его начинали сторониться. В один прекрасный день, брея утром командира бронепоезда, в присутствии которого солдату не полагалось разговаривать, он вдруг запел скороговоркой пляшущий мотив с неожиданно обрывающимися звуками, характерными для некоторых солдатских песен:

Ой, ой!
Подхожу я к кабаку,
Лежит баба на боку,
Спит.

Он голосил, не переставая привычными механическими движениями брить сразу покрасневшие щеки командира. Потом он отложил бритву в сторону, сунул два пальца в рот и пронзительно засвистел; затем опять схватил бритву и изрезал занавески на окне. Его вывели из купе командира и долго не знали, что с ним делать. Наконец решили — и втолкнули его в пустой товарный вагон одного из тех бесчисленных поездов, которые везли неизвестно зачем и куда трупы солдат, умерших от тифа, и подпрыгивающие тела больных, не успевших еще умереть.

Больные лежали на соломе, деревянный пол с многочисленными щелями трясся и уносился вместе с ними; и куда бы ни ехал поезд, они все равно умирали; и после суток путешествия тела больных делали только те мертвые движения, которые происходили от толчков поезда — как происходили бы с тушами убитых лошадей или околевших животных. И Костюченко увезли в пустом вагоне; никто не узнал, что с ним потом сталось. Я представлял себе в темноте наглухо закрытой теплушки его блестящие глаза и то непостижимое состояние его смутного ума, где-то вдали мерцающего сознания, которое бывает у сумасшедших. Но случай с Костюченко был последним, относящимся ко времени нашего пребывания в прифронтовой полосе, потому что после долгой зимы, и синих ледяных зеркал Сива-шей, и этого постоянного вида песчаной дамбы с черными шпалами — от красных огней семафоров, от пузатых водокачек с замерзшей водой, которые мы видели, проводя дни и недели «на подступах к Крыму», после Джанкоя, где долго стояла наша база, — мы уехали в глубь страны. Мы долго стояли в Джанкое с темными домами, где ютились какие-то офицерские мессалины, давно оставшиеся без мужей и приходившие к нам в вагоны пить водку, есть бифштексы, принесенные из вокзального буфета, и, насытившись, с икотой утомленной жадности беспокойно ерзать по сиденьям купе и быстрыми незаметными движениями расстегивать потертые платья и потом плакать и кричать от страсти и через две минуты опять плакать, но уже умиленными, более прозрачными слезами, и жалеть, как они говорили, о прошлом; и сожаление их вдруг окрашивало в небывалые, праздничные цвета глухую жизнь в провинции, замужем за пехотным капитаном, пьяницей и игроком; им казалось, что они не понимали тогда своего бедного счастья и что их жизнь была хорошей и приятной; они не владели, однако, искусством воспоминания и все всегда рассказывали в одних и тех же словах, как в ночь под Пасху они ходили с зажженными свечами и как звонили колокола. До войны и бронепоезда я никогда не видел таких женщин. Они говорили с военными словечками и выражениями и держались развязно, особенно после того, как утоляли голод, хлопали

122

мужчин по рукам и подмигивали им. Знания их были изумительно скудны; страшная душевная нищета и смутная мысль о том, что жизнь их должна была бы идти иначе, делали их неуравновешенными; и по типу своему они больше всего походили на проституток, но проституток с воспоминаниями. Только одна из этих женщин, которые теперь неотделимы для меня от грязного бархата диванов, от джанкойских керосиновых фонарей и аккуратных ломтиков маринованной селедки, подававшейся к вину и водке, Елизавета Михайловна, была не похожа на своих подруг. Как-то случалось всегда так, что она приходила к нам, когда я спал, это бывало или часов в девять утра, или часа в два ночи. Меня будили и говорили: проснись, неудобно, пришла Елизавета Михайловна, — и это соединение имен на минуту пробуждало меня; и через некоторое время получилось так, что Елизавета Михайловна — это неведомая спутница моих снов: Елизавета Михайловна — слышу я, и сплю, и опять слышу: Елизавета Михайловна. Открывая глаза, я видел невысокую худую женщину с большим красным ртом и смеющимися глазами; и на желтоватой коже ее лица будто плясали синеватые искры. Она была похожа на иностранку. Я бы никогда не узнал о ней ничего, если бы однажды, проснувшись, не услыхал ее разговора с одним из моих сослуживцев, филологом Лавиновым. Они говорили о литературе, и она нараспев читала стихи, и по звуку ее голоса было слышно, что она сидела и покачивалась. Лавинов был самым образованным среди нас: любил латынь и часто читал мне записки Цезаря, которые я слушал из вежливости, так как совсем недавно учил их в гимназии; и как все, что вынужден был учить, находил скучными и неинтересными; но с любовью к лаконическому и точному языку Цезаря у Лавинова соединялось пристрастие к меланхолической лирике Короленко и даже некоторым рассказам Куприна. Больше всего, впрочем, он любил Гаршина. Однако, несмотря на такой странный вкус, он всегда прекрасно понимал все, что читал, — и понимание его превышало его собственные душевные возможности; и это придавало его речи особенную неуверенность; знания же его были довольно обширны. Он говорил своим низким голосом:

— Да, Елизавета Михайловна, вот как приходится. Нехорошо.

— Да, нехорошо.

Так разговор продолжался довольно долго, — все о том, что хорошо или нехорошо. Казалось, что у них нет иных слов. Но Елизавета Михайловна не уходила; и по ее тону было слышно, что в ответ на каждое «хорошо» или «нехорошо» Лавинова в ней происходит нечто важное и вовсе не имеющее отношения к этому разговору, но одинаково значительное и для нее, и для Лавинова. Так бывает, что когда тонет кто-нибудь, то над ним на поверхности появляются пузыри; и тот, кто не видел ушедшего в воду, заметит только пузыри и не придаст им никакого значения; и между тем под водой захлебывается и умирает человек и с пузырями выходит вся его долгая жизнь со множеством чувств, впечатлений, жалости и любви. То же происходило и с Елизаветой Михайловной: «хорошо» или «нехорошо» были только пузырями на поверхности разговора. Потом я услыхал, как она заплакала и как Лавинов говорил с ней дрожащим голосом; затем они оба ушли. Больше она к нам не приходила, и только незадолго до отъезда я видел ее с Лавиновым на вокзале; я сидел за столом против них и обедал, и, когда я съел четвертый пирожок, Елизавета Михайловна засмеялась и сказала, обращаясь к Лавинову:

— Ты не находишь, что у твоего спящего коллеги, когда он бодрствует, прекрасный аппетит?

Лавинов глядел на нее стеклянными от счастья глазами и на все вопросы отвечал утвердительно. Елизавета Михайловна была чисто одета; вид у нее был уверенный и довольный. И теперь, когда она была, по-видимому, счастлива, я вдруг ощутил сожаление, точно было бы лучше, если бы она оставалась такой, как раньше, когда я видел ее сквозь сон, просыпаясь и засыпая и слыша это соединение имен: Елизавета Михайловна; оно не переставало оставаться именем женщины, но стало для меня одним из моих собственных состояний, помещавшимся между темными пространствами сна и красным бархатом диванов, который появлялся передо мной, как только я открывал глаза.

После Джанкоя и зимы в моей памяти возникал Севастополь, покрытый белой каменной пылью, неподвижной зеленью Приморского бульвара и ярким песком его аллей. Волны бьются о плиты пристаней и, отходя, обнажают зеленые камни, на которых растет мох и морская трава; она бессильно полощется в воде; и ее свисающие стебли похожи на ветви ивы; на рейде стоят броненосцы, и вечный пейзаж моря, мачт и белых чаек живет и шевелится, как везде, где было море, пристань и корабли и где теперь возвышаются каменные линии домов, построенных на желтом песчаном пространстве, с которого схлынул океан. В Севастополе яснее, чем где бы то ни было, чувствовалось, что мы доживаем последние дни нашего пребывания в России. Приплывали и отплывали пароходы, уходили с берега английские и французские матросы, и их корабли скрывались в море — и, казалось, возвращаться отсюда назад в Россию невозможно; казалось, море всегда было входом в нашу родину, которая находилась далеко от этих мест, на картах тропических стран с прямыми деревьями и ровными квадратами зеленой земли; и то, что мы считали родными — сухой зной южной России, безводные поля и соленые азиатские озера, — было только заблуждением. Однажды я убил из винтовки нырка; он долго качался на волнах и должен был, казалось, вот-вот подплыть к берегу, но прибрежное течение снова относило его, и я ушел только тогда, когда стемнело и нырок стал не виден. С таким же бессилием и мы колебались на поверхности событий; нас относило все дальше и дальше — до тех пор, пока мы не должны были, оставив зону российского притяжения, попасть в область иных, более вечных влияний и плыть, без романтики и парусов, на черных угольных пароходах прочь от Крыма, побежденными солдатами, превратившимися в оборванных и голодных людей. Но это случилось несколько позже; а весной и летом тысяча девятьсот двадцатого года я скитался по Севастополю, заходя в кафе, и театры, и удивительные «восточные подвалы», где кормили чебуреками и простоквашей, где смуглые армяне с олимпийским спокойствием взирали на пьяные слезы офицеров, поглощавших отчаянные алкогольные смеси и распевавших неверными голосами «Боже, царя храни», которое звучало одновременно неприлично и грустно, давно утеряло свое значение и глохло в восточном подвале, куда из петербургских казарм докатилось музыкальное величие прогоревшей империи: оно скользило по закопченным стенам и застревало между грузинскими грудями нарисованных голых красавиц с широкими крупами, лошадиными глазами и необыкновенно ровными деревянными струями табачного дыма, выходившего из их кальянов. Вся грусть провинциальной России, вся вечная ее меланхолия наполняла Севастополь. В театрах одесские артистки с аристократическими псевдонимами пели грудными голосами романсы, которые, совершенно независимо от их содержания, звучали чрезвычайно печально; и они пользовались большим успехом. Я видел слезы на глазах обычно нечувствительных людей; революция, лишив их дома, семьи и обедов, вдруг дала им возможность глубокого сожаления и на миг освобождала от грубой, военной оболочки их давно забытую, давно утерянную душевную чувствительность. Эти люди точно участвовали в безмолвной минорной симфонии театрального зала; они впервые увидели, что и у них есть биография, и история их жизни, и потерянное счастье, о котором раньше они только читали в книгах. И Черное море представлялось мне как громадный бассейн Вавилонских рек, и глиняные горы Севастополя — как древняя Стена Плача. Жаркие воздушные волны перекатывались через город — и вдруг принимался дуть ветер, поднимая рябь на воде и еще раз напоминая о неминуемом отъезде. Уже говорили о заграничных паспортах, уже начинали укладывать вещи; но некоторое время спустя бронепоезд опять послали на фронт, и мы уезжали, оглядываясь на море, ныряя в черные туннели и вновь возвращаясь к тем враждебным российским пространствам, из которых с таким трудом выбрались прошлой зимой. Это было последнее наступление белой армии: оно продолжалось недолго, и вскоре опять по замерзающим дорогам войска бежали на юг. В те месяцы судьба армии меня интересовала еще меньше, чем раньше, я не думал об этом; я ездил на площадке бронепоезда мимо выжженных полей и желтых деревьев, мимо рощ, сопровождавших рельсы; а осенью меня отправили в командировку в Севастополь, немного изменившийся, потому что было уже начало октября. Там я чуть не утонул, переплывая на дрянном катере с северной стороны бухты в южную — во время бури; и, пробыв в Севастополе несколько дней, я отправился обратно на бронепоезд, который еще был в моем воображении таким, каким я его оставил; в самом же деле он давно был захвачен красноармейскими отрядами, база его тоже досталась им, команда его разбежалась — и только три десятка солдат и офицеров кое-как отступали вместе с остальными войсками: они поместились все в одной теплушке и тряслись в ней, мутно глядя на красные стены и не вполне еще поняв, что нет теперь ни бронепоезда, ни армии, что убит Чуб, наш лучший наводчик, что умер Филиппенко, которому оторвало ногу, что остался в плену Ваня-матрос, умевший очень замысловато ругаться, и что вся хозяйственная часть, во главе с артельщиком Михутиным, индюком, одной живой свиньей, телятами и лошадьми, тоже не существует в том прекрасном зоологическом виде, к которому они привыкли. Лапшин, один из моих товарищей, не расстававшийся и в теплушке со своей мандолиной и игравший то «Похоронный марш», то «Яблочко», беззаботно говорил:

— Если погибли индюк и свинья, не выдержав этого поворота

колеса истории, то нам уж и подавно... Нам только ехать да ехать...

Многие остались, не желая отступать, — кое-кто отправлялся назад на север, в красную армию, и на одном из встречных поездов они увидели Воробьева в железнодорожной фуражке с красным верхом; он медленно уезжал, грозил кулаком и протяжно кричал: сволочи! сволочи! — точно ехал на плоту, сплавляя по реке лес и напрягая голос именно так, как надо напрягать на реке или на озере.

Поезд, в котором я ехал навстречу отступающим войскам, остановился на маленькой станции и не пошел дальше. Никто не знал, почему поезд стоит. Потом я услыхал разговор какого-то офицера с начальником состава. Офицер быстро говорил: — Нет, вы мне скажите, почему мы стоим, нет, я вас спрашиваю, какого черта мы тут застряли, нет, я, знаете, этого не потерплю, нет, вы мне ответьте... — Нельзя дальше ехать: у нас в тылу красные, — отвечал второй голос. — В тылу — это не впереди. Если бы было впереди, тогда действительно нельзя было бы ехать. Ведь не назад же нам двигаться, не в тыл, поймите вы, черт возьми... — Я состав не пущу. — Да почему? — В тылу красные. — После этого послышались ожесточенные ругательства, и затем начальник состава сказал плачущим голосом: — Не могу я ехать, в тылу красные. — Он повторял эту фразу, потому что был объят смертельным страхом; и ему казалось, что, куда бы он ни поехал, везде его ждет одна и та же участь: он перестал понимать, но упирался, бессознательно, как животное, которое тянут на веревке. Так поезд никуда и не двинулся. Я перешел в один из вагонов базы легкого бронепоезда «Ярослав Мудрый», который стоял тут же. И так как перед тем я не спал две ночи, то, улегшись на койку, сейчас же заснул. Я увидел во сне Елизавету Михайловну, которая превратилась в испанку с трескучими кастаньетами. Она плясала, совершенно голая, под музыку необычайно шумного оркестра; и в шуме его сильнее всего проступали глубокий рев контрабаса и резкие, высокие звуки валторны. Шум стал невыносимым; и, когда я открыл глаза, я услышал рев ручного медведя, который, волоча по полу свою длинную цепь, метался взад и вперед по вагону; иногда он останавливался и принимался раскачиваться из стороны в сторону. В вагоне не было никого, кроме меня, медведя и еще какой-то крестьянки в платке; она попала сюда неизвестно как и почему — и очень испугалась, она громко кричала и плакала. Едва начинало светать. Звенели и сыпались стекла, дул ветер: базу бронепоезда усиленно обстреливали из пулеметов. — Буденновцы! — плакала крестьянка. — Буденновцы! — Неподалеку от нас тяжело бухали шестидюймовые орудия морской батареи, отвечавшей на обстрел красной артиллерии. Я вышел на площадку вагона и увидел в полуверсте от базы серую массу буденновской кавалерии. В воздухе стоял стон и грохот от стрельбы. Близко послышался звук полета снаряда среднего калибра — и по звуку легко было определить, что снаряд попадет в наш или в соседний вагон; и потому, как замолкла баба, бессознательно подчиняясь ощущению душевной и физической тишины, предшествующей минуте страшного события, я понял, что она, не знающая ничего о тех различных тонах жужжания гранат, по которым артиллеристы слышат, куда приблизительно попадет разрыв, — почувствовала страшную опасность, угрожавшую ей. Но снаряд попал в соседний вагон, набитый ранеными офицерами; и из него сразу понеслась целая волна криков — как это бывает в концерте, когда дирижер быстрым движением вдруг вонзает свою палочку в правое или левое крыло оркестра и оттуда мгновенно рвется вверх целый фонтан звона, шума и трепета струн. Шестидюймовые орудия не переставая посылали снаряд за снарядом прямо в черную массу людей и лошадей, — и в столбах, поднимаемых разрывами, мелькали какие-то черные куски.

Я стоял на площадке вагона, смотрел перед собой, мерз на шестнадцатиградусном морозе — и мечтал о теплом купе в базе моего бронепоезда, электрической лампочке, книгах, горячем душе и теплой постели. Я знал, что та часть составов, где я находился, была окружена буденновской кавалерией, отрезана, что снарядов хватит еще на несколько часов и что рано или поздно, но не позже сегодняшнего вечера, мы будем убиты или взяты в плен. Я знал это хорошо, но мечта о тепле, и книгах, и белых простынях так занимала меня, что у меня не оставалось времени думать о чем-нибудь другом; вернее, мечта эта была приятнее и прекраснее всех остальных мыслей, и я не мог с ней расстаться. Черный дождь разрывов и различные звуки — от сухого царапания пуль об камни и упругого звона рельс и вагонных колес до низких раскатов орудийных выстрелов и человеческих криков, все это соединялось в один шум, но не смешивалось, и каждая серия звуков вела свое самостоятельное существование, все это продолжалось с раннего утра до трех или четырех часов дня. Я возвращался в вагон, снова выходил из него, не мог ни согреться, ни заснуть — и, наконец, увидел на горизонте черные точки, которые приближались к месту боя. — Красная кавалерия! — закричал кто-то. — Конец! — Но все так же беспрестанно стреляли орудия и пулеметы, изредка стихая, как сильный ливень, который возобновится, дождавшись первого порыва ветра. Старый офицер с плачущим лицом, интендантский полковник, несколько раз прошел мимо меня, по-видимому, не зная, куда и зачем он идет. Какой-то солдат залез под вагон и скрутил посиневшими от холода пальцами папиросу, пустил сразу целое облако едкого махорочного дыма. — Сюда, брат, пуля не достанет, — сказал он мне с улыбкой, когда я наклонился, чтобы посмотреть на него. Но вдруг бой стал ослабевать, выстрелы стали реже. С севера надвигалась кавалерия. Взобравшись на крышу поезда, я ясно увидел лошадей и всадников, густая лава которых рысью шла на нас. Забившись между буферами, плакал старый полковник: рядом с ним, держась за конец его желтого башлыка, стояла закутанная девочка лет восьми; и дым, выходивший, казалось, из-под земли от цигарки курящего солдата, быстро уносился ветром.

Скоро стал слышен топот коней; и через несколько минут ожидания, томительного, как в театре, сотни всадников сделались совсем близкими к нам. Масса кавалерии Буденного зашевелилась, до нас донеслись крики, и через короткое время все пришло в движение: войска Буденного стали отступать, кавалерия, которая шла с севера, их преследовала. Недалеко от меня проскакал офицер в черкеске, ежесекундно оборачивавшийся и что-то кричавший; и я видел, что не только его солдаты, следовавшие за ним, ничего не понимали, но что он и сам не знал, почему и что он хочет сказать. Сейчас же после этого я опять увидел старого полковника, который только что плакал; теперь он пошел к своей теплушке со значительным и деловым выражением лица; а дым из-под вагона прекратился; солдат выбрался оттуда, крикнул мне: — Ну, слава Богу! — и побежал куда-то в сторону.

Еще через день блуждания между бесчисленными вагонами, товарными составами и обозами я нашел тех сорок человек, которые продолжали называться бронепоездом «Дым», хотя бронепоезда больше не было. Армия таяла с каждым часом: обозы ее гремели по мерзлой дороге, армия скрывалась на горизонте, и ее шум и движение уносились с сильным ветром. Это происходило шестнадцатого и семнадцатого октября; а в двадцатых числах того же месяца, когда я сидел в деревенской избе, недалеко от Феодосии, и ел хлеб с вареньем, запивая его горячим молоком, в комнату с возбужденным и улыбающимся лицом вошел мой сослуживец Митя-маркиз. Его называли так потому, что, когда его однажды спросили, какая из всех прочитанных им книг понравилась ему больше всего, он сказал, что это роман неизвестного, но несомненно хорошего французского писателя, — и роман назывался «Графиня-нищая». Я читал этот роман, потому что Митя возил его с собой; главными действующими лицами там были особы титулованные; Митя не мог без волнения читать такие книги, хотя сам был уроженцем Екатеринославской губернии, не видел ни одного большого города и о Франции не имел решительно никакого представления, — но слова «маркиз», «граф» и особенно «баронет» были исполнены для него глубокого значения — и поэтому его прозвали маркизом. — Джанкой взят, — сказал Митя-маркиз с радостью, которую всегда испытывал даже в тех случаях, когда сообщал самые печальные новости; но всякое крупное событие пробуждало в нем счастливое чувство того, что он, Митя-маркиз, опять остался невредим; и раз уж начали происходить такие важные вещи, то, значит, в дальнейшем предстоит что-то еще более интересное. Я помнил, что в самых тяжелых обстоятельствах, если даже кто-нибудь был убит или смертельно ранен, Митя-маркиз говорил с оживлением и часто дыша, чтобы скрыть свой смех: — А Филиппенко ногу оторвало, а Черноусов в живот ранен, а поручик Санин в левую руку: прямо судьба! — Взяли Джанкой, значит, плохо дело, — сказал Митя. Джан-кой действительно находился по эту сторону укреплений, уже в Крыму. Джанкой: керосиновые фонари на перроне, женщины, приходившие в наш вагон, бифштексы из вокзального буфета, записки Цезаря, Лавинов, мои сны — и во сне Елизавета Михайловна. Мимо деревни один за другим прошли четыре поезда по направлению к Феодосии. Через несколько часов путешествия мы тоже были уже там; был вечер, и нам отвели квартиру в пустом магазине, голые полки которого служили нам постелью. Стекла магазина были разбиты, в пустых складах раздавалось гулкое эхо наших разговоров, и казалось, рядом с нами говорят и спорят другие люди, наши двойники, — и в их словах есть несомненная и печальная значительность, которой не было у нас самих; но эхо возвышало наши голоса, делало фразы более протяжными; и, слушая его, мы начинали понимать, что произошло нечто непоправимое. Мы с ясностью услышали то, чего не узнали бы, если бы не было эха. Мы видели, что мы уедем; но мы понимали это только как непосредственную перспективу, и наше воображение не уходило дальше представления о море и корабле; а эхо доносилось до нас новое и непривычное, точно раздавшееся из

132

тех стран, в которых мы еще не были, но которые теперь нам суждено узнать.

Когда я стоял на борту парохода и смотрел на горящую Феодосию — в городе был пожар, — я не думал о том, что покидаю мою страну, и не чувствовал этого до тех пор, пока не вспомнил о Клэр. — Клэр, — сказал я про себя и тотчас увидел ее в меховом облаке ее шубы; меня отделяли от моей страны и страны Клэр — вода и огонь; и Клэр скрылась за огненными стенами.

Долго еще потом берега России преследовали пароход: сыпался фосфорический песок на море, прыгали в воде дельфины, глухо вращались винты и скрипели борта корабля; и внизу, в трюме, слышалось всхлипывающее лепетание женщин и шум зерна, которым было гружено судно. Все дальше и слабее виднелся пожар Феодосии, все чище и звучнее становился шум машин; и потом, впервые очнувшись, я заметил, что нет уже России и что мы плывем в море, окруженные синей ночной водой, под которой мелькают спины дельфинов, и небом, которое так близко к нам, как никогда.

— Но ведь Клэр француженка, — вспомнил вдруг я, — и если так, то к чему же была эта постоянная и напряженная печаль о снегах и зеленых равнинах и о всем том количестве жизней, которые я проводил в стране, скрывшейся от меня за огненным занавесом? — И я стал мечтать, как я встречу Клэр в Париже, где она родилась и куда она, несомненно, вернется. Я увидел Францию, страну Клэр, и Париж, и площадь Согласия; и площадь представилась мне иной, чем та, которая изображалась на почтовых открытках — с фонарями, и фонтанами, и наивными бронзовыми фигурами; по фигурам непрестанно бежит и струится вода и блестит темными сверканиями — площадь Согласия вдруг предстала мне иной. Она всегда существовала во мне; я часто воображал там Клэр и себя — и туда не доходили отзвуки и образы моей прежней жизни, точно натыкаясь на незримую воздушную стену — воздушную, но столь же непреодолимую, как та огненная преграда, за которой лежали снега и звучали последние ночные сигналы России. На пароходе отбивали склянки, их удары сразу напомнили мне бухту в Севастополе, покрытую множеством судов, на которых светились огоньки, и в определенный час на всех судах звучали эти удары часов, на одних глухо и надтреснуто, на других тупо, на третьих звонко. Склянки звенели над морем, над волнами, залитыми нефтью; вода плескалась о пристань — и ночью Севастопольский порт напоминал мне картины далеких японских гаваней, заснувших над желтым океаном, таких легких, таких непостижимых моему пониманию. Я видел японские гавани и тоненьких девушек в картонных домиках, их нежные пальцы и узкие глаза, и мне казалось, что я угадывал в них ту особенную смесь целомудрия и бесстыдства, которая заставляла путешественников и авантюристов стремиться к этим желтым берегам, к этому монгольскому волшебству, хрупкому и звонкому, как воздух, превратившийся в прозрачное цветное стекло. Мы долго плыли по Черному морю; было довольно холодно, я сидел, закутавшись в шинель, и думал о японских гаванях, о пляжах Борнео и Суматры, и пейзаж ровного песчаного берега, на котором росли высокие пальмы, не выходил у меня из головы. Много позже мне пришлось слышать музыку этих островов, протяжную и вибрирующую, как звук задрожавшей пилы, который я запомнил еще с того времени, когда мне было всего три года; и тогда в приливе внезапного счастья я ощутил бесконечно сложное и сладостное чувство, отразившее в себе Индийский океан, и пальмы, и женщин оливкового цвета, и сверкающее тропическое солнце, и сырые заросли южных растений, скрывающие змеиные головы с маленькими глазами; желтый туман возникал над этой тропической зеленью и волшебно клубился и исчезал — и опять долгий звон дрожащей пилы, пролетев тысячи и тысячи верст, переносил меня в Петербург с замерзшей водой, которую божественная сила звука опять превращала в далекий

134

ландшафт островов Индийского океана; и Индийский океан, как в детстве в рассказах отца, раскрывал передо мной неизведанную жизнь, поднимающуюся над горячим песком и проносящуюся, как ветер, над пальмами.

Под звон корабельного колокола мы ехали в Константинополь; и уже на пароходе я стал вести иное существование, в котором все мое внимание было направлено на заботы о моей будущей встрече с Клэр, во Франции, куда я поеду из старинного Стамбула. Тысячи воображаемых положений и разговоров роились у меня в голове, обрываясь и сменяясь другими; но самой прекрасной мыслью была та, что Клэр, от которой я ушел зимней ночью, Клэр, чья тень заслоняет меня, и когда я думаю о ней, все вокруг меня звучит тише и заглушеннее, — что эта Клэр будет принадлежать мне. И опять недостижимое ее тело, еще более невозможное, чем всегда, являлось передо мной на корме парохода, покрытой спящими людьми, оружием и мешками. Но вот небо заволоклось облаками, звезды сделались не видны; и мы плыли в морском сумраке к невидимому городу; воздушные пропасти разверзались за нами; и во влажной тишине этого путешествия изредка звонил колокол — и звук, неизменно нас сопровождавший, только звук колокола соединял в медленной стеклянной своей прозрачности огненные края и воду, отделявшие меня от России, с лепечущим и сбивающимся, с прекрасным сном о Клэр.

Париж, июль 1929 г.